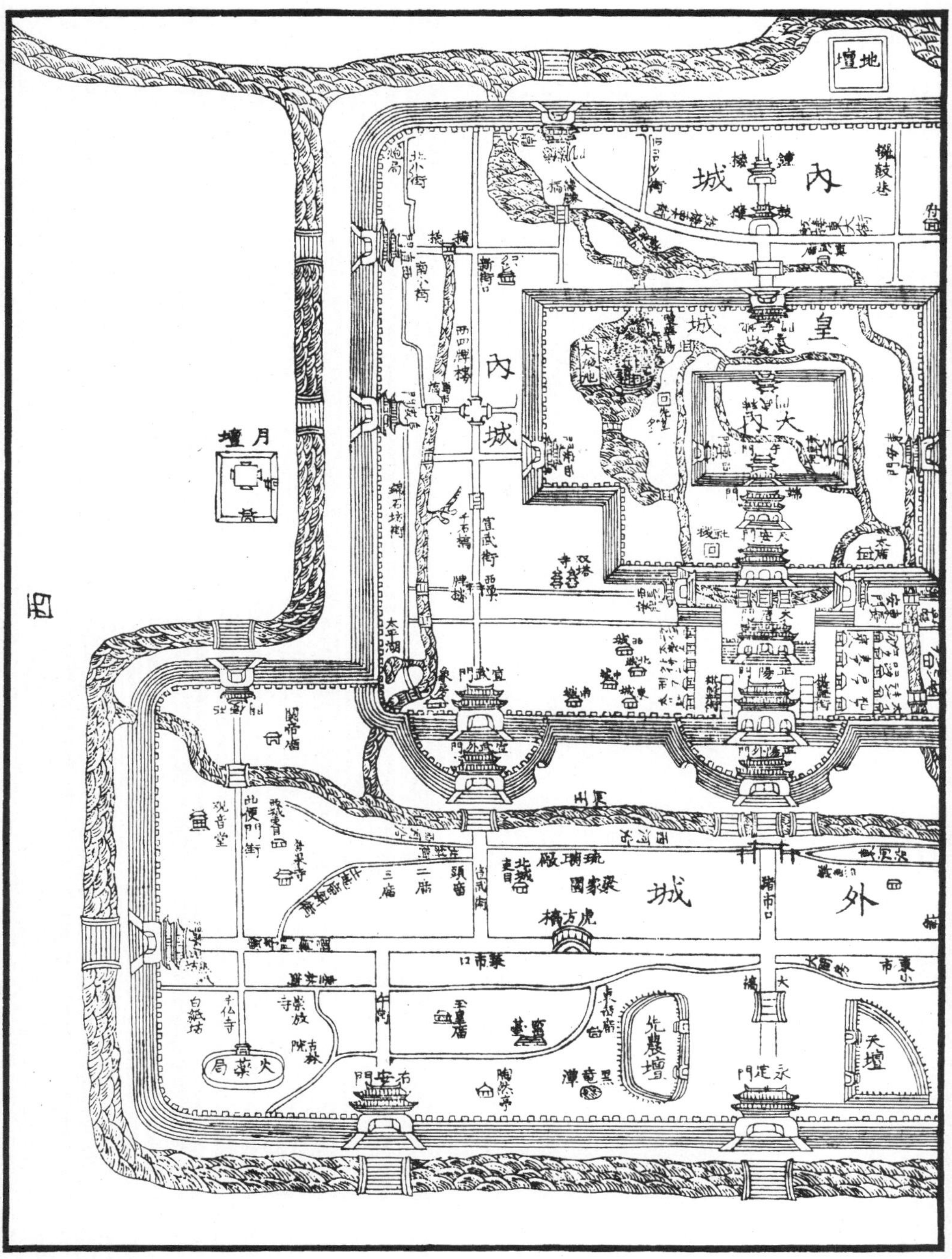

地壇
內城
皇城
大內
城內
月壇
太液池
宣武街
太平湖
外城
琉璃廠
先農壇
天壇
永定門
安定門
火藥局
白紙坊

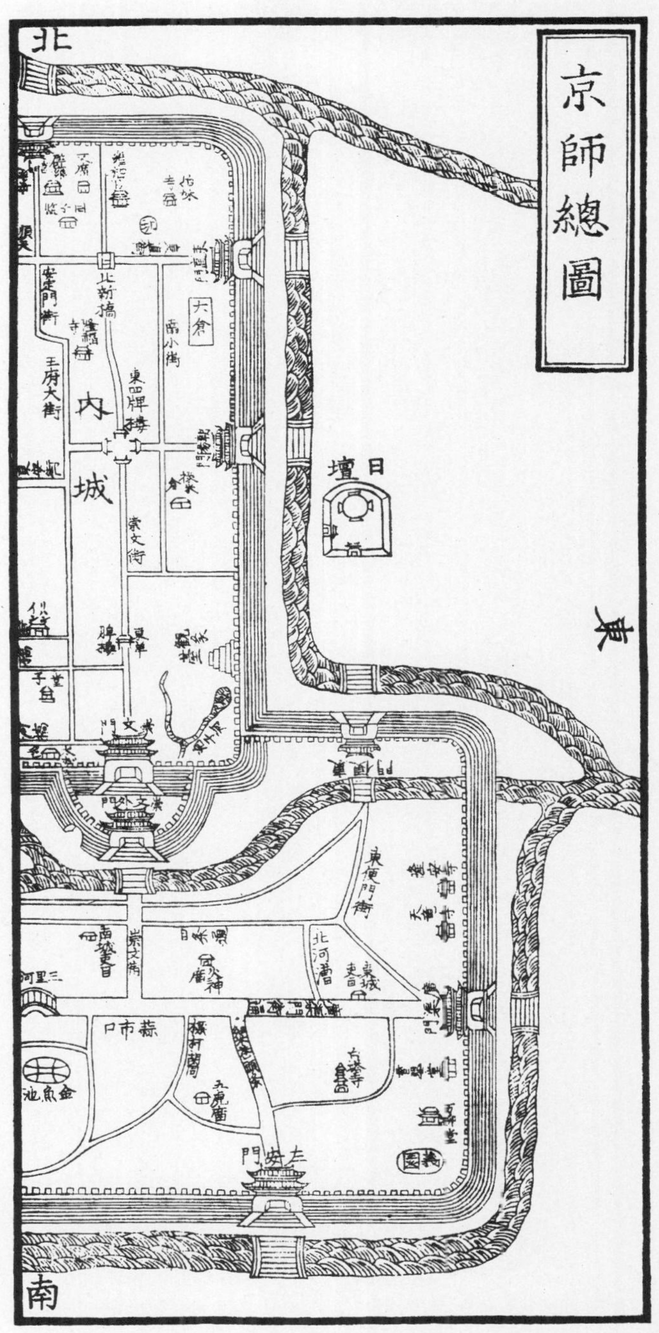

京師總圖
北
南
東
日壇
內城
天倉
北新橋
東四牌樓
王府大街
安定門街
崇文街
崇文門外
左安門
金魚池
三里河
蒜市口
義圖

옹
정
제

옹 졍 제

미야자키 이치사다 지음 | 차혜원 옮김

이산

옹정제

2001년 1월 26일 초판 1쇄 발행
2013년 7월 25일 초판 9쇄 발행
지은이 미야자키 이치사다
옮긴이 차혜원
펴낸이 강인황·문현숙
도서출판 이산
서울시 마포구 양화로6길 57-18(서교동 399-11)
Tel : 334-2847/Fax : 334-2849
E-mail : yeesan@yeesan.co.kr
등록 1996년 8월 8일 제2-2233호

편집 문현숙
인쇄 한영문화사/제본 한영제책

ISBN 978-89-87608-18-1 03910
KDC 912(중국사)

가격은 뒤표지에 있습니다.

www.yeesan.co.kr

독서하는 옹정제

옹정제

효경헌황후(옹정제의 부인)

유럽풍의 가발을 쓴 옹정제

옹정제는 만민은 모두 평등하다는 기치 아러 이 그림에 묘사된 천민들을 해방시켰다.

무성히도 늘어졌구나 천 그루 수양버들
서늘한 그늘이 초당을 덮고 있다
흔들리는 실가지는 책상 위 벼루를 쓰다듬고
흩날리는 버들개지 거문고 받침대에 흩어졌다
꾀꼬리 노래에 봄 버들가지 따뜻해지고
매미 울음소리에 가을 잎이 서늘해진다
밤 되면 창에는 달 그림자
고서(古書)의 향기를 못내 감추는구나

옹정제는 아버지 강희제나 아들 건륭제와는 달리 베이징을 떠나 여행을 한 적이 거의 없었다. 대신에 옹정제는 짬이 나면 잠시 휴식을 취하기 위하여 원명원(圓明園) 경내에 있는 심류독서당(深柳讀書堂)을 즐겨 찾았다. 위의 시는 옹정제가 지은 「원명원의 십이경」이라는 연작시 가운데 한 수인 심류독서당이다.

「다엽말용이병」(茶葉末龍耳瓶)

「투채포도속서군표형병」(鬪彩葡萄粟鼠文瓢形瓶)

옹정제 때 징더전(景德鎭)에서 제작된 도자기들. 완벽함을 추구하는 옹정제의 품성이
그대로 드러나 있다.

작자 미상, 「선농단에서 제사를 올리는 옹정제」(雍正帝祭先農壇圖)

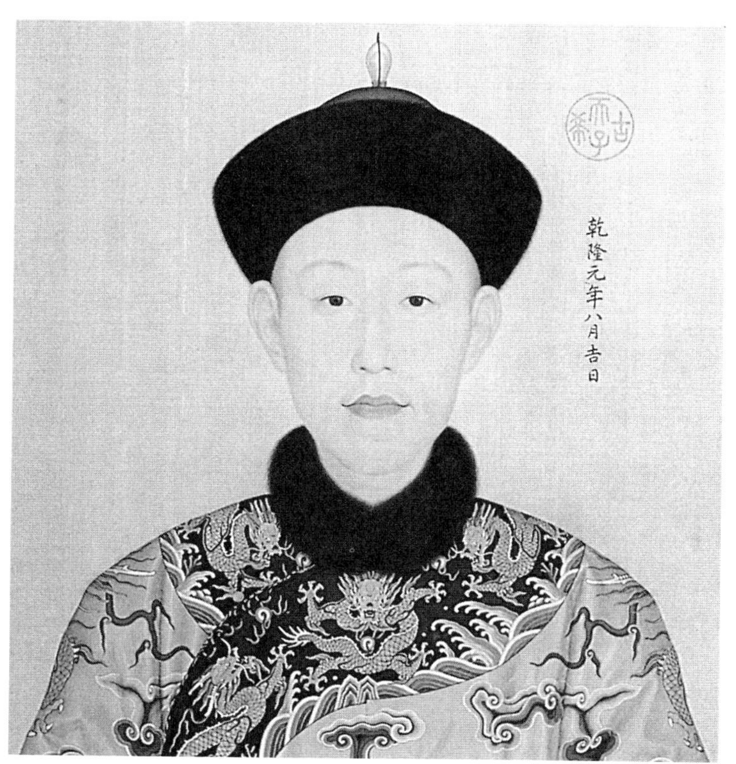

주세페 카스틸리오네가 그린 건륭제(옹정제의 아들)의 초상(1736).

베이징 선무문(宣武門) 안에 있는 칙건(勅建) 성당.
위의 그림은 건륭연간에 중수(重修)한 뒤의 모습이다.
옹정연간 수누의 아들 수르기엔이 여기서 서양선교사들로부터
서양책을 구하였다.

건청궁 내부.

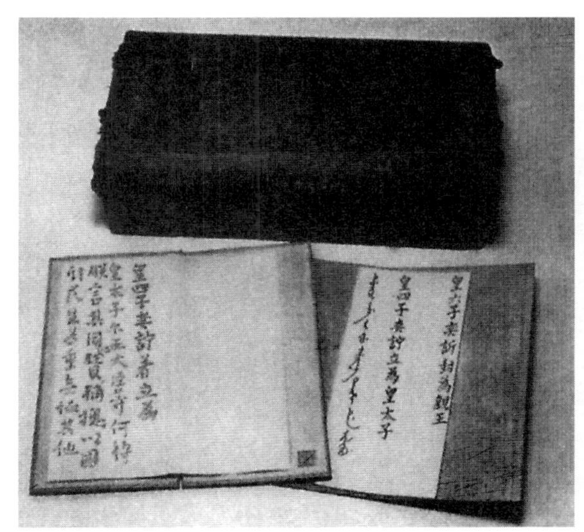

후계자를 적은 밀지와 밀지를 넣어둔 상자.

옹정제는 황위계승을 둘러싼 분쟁을 미연에 방지하기 위하여 후계자를 적은 밀지를 상자에 넣어 건청궁 옥좌 위에 걸려 있는 '정대광명'(正大光明) 액자 뒤에 놓아두었다.

옹정제의 능

雍正帝

일러두기

1. 이 책은 宮崎市定의 『雍正帝—中國の獨裁君主』(岩波書店, 1950)를 완역한 것이다.

2. 옮긴이가 덧붙인 주는 본문과 각주에 (―옮긴이)로 표시되어 있다.

3. 중국의 인명·지명은 외래어 표기법에 따라 표기하였으며 해당 고유명사가 처음 나올 때 괄호 안에 한자를 병기하였다. 단 황제의 연호와 묘호, 관직명, 건물명, 공자·노자와 같은 존칭은 한자말 그대로 표기했다.

4. 만주인과 몽골인 인명의 경우, 중국어 발음이 아닌 로마자 발음에 가깝게 표기하고, 한자를 병기했다.
   예) Galdan→갈단(噶爾丹), Songgotu→송고투(索額圖)

5. 서양 인명·지명은 외래어 표기법에 따라 표기하고, 찾아보기에 원어를 밝혔으며 특히 선교사의 경우에는 중국식 이름도 병기했다.

6. 본문 각 쪽의 기둥글을 써주신 조선경 님께 감사드린다.

차례

첫머리에

시험삼아 옆에 있는 지도책을 펴서 유럽 대도시의 왕궁이 있는 곳을 찾아보라. 30만 분의 1 정도의 축척이라면 대부분이 고작해야 단순한 점으로 보일 것이다. 그런 다음에는 베이징의 지도에서 왕궁을 찾아보라. 같은 축척이라면 거의 사방 1센티미터 너비의 황성과 그 안에 좀더 작은 자금성(紫禁城) 등이 시의 중앙을 차지하며 보란 듯이 웅장하게 펼쳐져 있는 것을 분명히 식별할 수 있을 것이다. 자금성은 명(明)과 청(淸) 두 왕조에 걸쳐 천자 개인의 주택이었으며 황성의 대부분은 그 바깥 정원에 해당된다. 오늘날 베이징의 시가지를 방문해 본 사람들은 명대의 규모를 그대로 이어받은 장엄한 청조 고궁의 궁정 건축물은 물론이거니와 무엇보다도 그 광활함에 놀랄 것이다. 가로 2.5킬로미터 세로 3킬로미터에 이르는 황성의 부지는 천자(天子) 한 사람이 생활하는 곳으로는 지나칠 정도로 넓다. 그럼에도 굳이 이만한 규모를 유지해 온 데는 물론 그것에 합당한 까닭이 있다. 천자의 궁전은 수천 년 이어온 중국식 독재황제의 권력을 상징하고 있기 때문이다.

　　독재군주는 가능한 한 백성과 일정한 거리를 두지 않으면 안 된다. 대신(大臣)이라 할지라도 천자를 알현하기 위해서는 황성의 첫번째 문인 대청문(大淸門)을 거쳐서 약 2킬로미터 정도의 길을 걸어가야 하는데 가면서 7개의 문을 통과해야 한다. 여기에 비하면 일반 백성들은 전혀 딴 세상에 살고 있는 것이나 다름없다. 백성에게는 그들을 직접 다스리는 현(縣)의 책임자인 지현(知縣) 정도도 황송해서 감히 가까이 다가갈 수 없는 존재였다. 지현 위에는 부(府)의 책임자 격인 지부(知府)가 있고 그 위에는 도대(道臺)라는 직책이 있으며 도대 위에는 다시 포정사(布政使)라는 성(省)의 재무관이 있고 또 그 위에 총독(總督)이 있다. 여기서 중앙정부로 옮겨 가보면 각 부(部)에는 오늘날의 장관에 해당하는 상서(尙書)가 있고 그 위에 재상(宰相) 격인 내각대학사(內閣大學士)와 최고군사회의의 파견관에 해당하는 군기처(軍機處) 대신이 있으며 다시 그 위, 그러니까 궁중 깊숙한 곳에 바로 천자가 있다. 수직으로 높이를 재보더라도 평면상으로 거리를 따져 보더라도 백성과 천자 사이에는 실로 넓디넓은 공간이 가로놓여 있는 것이다.

　　그런데 독재정치라고 한마디로 말하기는 하지만 그 실체를 파악하기는 쉽지 않다. 이는 제도의 문제인 동시에 군주의 능력과 결부된 문제이기 때문이다. 또한 이념과 현실 사이에는 상당한 괴리가 있다. 같은 중국에서도 초기와 후기를 놓고 보면 시대에 따른 변화와 발전이 있음을 알 수 있다. 최근 들어 독재정치에 대한 이론이 유행하고 있는데, 이론이 지나치게 매끄럽게 진행되어 버리면 실체에서 멀어져 버리고 논리만이 횡행하는 위험에 빠질 수 있다. 이론은 실체를 파악한 연후에 진전시켜야 할 터이며, 독재제라는 이름을 가지고 실체를 규정하는 일은 피해야 한다. 독재제도를 논하기 위해서는 번거롭더라도 그 대표적인 실례들을 하나 하나 거론하며 진상을 규명해 가는 것이 우리의 과제일 것이다.

만약 근세 중국에서 대표적인 독재군주가 누구냐그 묻는다면 나는 서슴지 않고 청조의 옹정제(雍正帝)라고 대답할 것이다. 그런데 많은 사람들이 그의 아버지 강희제(康熙帝)나 아들 건륭제(乾隆帝)는 알아도 옹정제라는 이름은 들어본 적이 없다고 말할지도 모른다. 그렇기 때문에 더더욱 나는 이 제왕이 실행한 독재정치를 소개하지 않으면 안되겠다는 의무감을 느꼈다.

청조의 지배자는 만주에서 흥기한 이민족으로 한인(漢人)이 아니다. 태조와 태종 2대의 황제는 만주에서 살았고 3대째의 순치제(順治帝)가 명 왕조 멸망의 뒤를 이어 서기 1644년 베이징에 입성하여 중국 전체를 통치하였다. 순치제의 아들이 4대 강희제이고 강희제의 아들이 옹정제이므로 옹정제는 건국 초부터 따지자면 5대째이고 청조가 베이징에 입성한 이후부터 헤아리면 3대째가 된다. 왕조가 흥할지 쇠할지는 대체로 3대째 정도에 결판나므로 옹정제는 청조에서 가장 중요한 갈림길에 서 있었다고 할 수 있다.

 옹정제의 즉위는 서기 1722년, 그러니까 러시아의 표트르 대제보다는 조금 늦고 프로이센의 프리드리히 대왕보다는 약간 앞선다. 옹정제는 이들 군주와 충분히 어깨를 견줄 만한 치적을 이룩하였다. 아마도 수천 년의 전통을 지닌 중국 독재정치의 최후의 완성자이자 실행자였다고 해도 과언이 아닐 것이다. 여기서 그의 정치를 말하기 전에 우리는 그가 처해 있던 특수한 개인적 환경, 특히 그가 즉위하기까지의 궁중 내분에서부터 글을 시작하지 않으면 안된다. 이것은 옹정제를 이해하기 위해서뿐만 아니라 중국의 독재정치를 이해하기 위해서도 꼭 필요한 전제이기 때문이다.

 만약 독자들이 이 책을 읽고 나서 여기에는 온통 중국에서 일어날 만한 일들만 기술되어 있을 뿐이라는 느낌을 받았다면 나의 의도는 완전히 실패로 끝났다고 보아도 좋을 것이다. 역사학은 과거의 세계로부터 끊임없이 예상 밖의 사실을 끄집어내어 소개함으로써 지금까지 무심히 형성되어 버린 역사의 이미지를 고쳐 나가는 것을 임무로 하고 있기 때문이다.

1장
고뇌하는 노황제

오십 고개를 넘어서자 강인한 체력을 자랑하던 강희제도 점차 노쇠의 징조를 보이기 시작하였다.

당시 청조의 기세는 하늘을 찌를 듯 일취월장하고 있었다. 강희제는 즉위 초기에 국내의 대반란을 평정하여 청조의 기초를 굳건히 다졌을 뿐만 아니라 타이완을 새로 영토에 포함시켰고, 외몽골의 유목민족은 부락 전체가 투항하여 귀순을 간청해 왔다. 황제가 외몽골을 보호하기 위하여 몸소 군대를 이끌고 고비 사막을 넘어, 알타이 산록의 사납고 날랜 기마민족을 이끄는 영웅 갈단과 자오모도(昭莫多)에서 결전을 벌여 큰 패배를 안겼던 것은 사나이 한창 나이인 마흔세 살 때의 일이었다. 광휘에 넘치는 장년시절의 무훈과 내정에서 거둔 업적과는 대조적으로 가정 내분에서 비롯된 정신적 고통으로 인하여 강희제의 말년 10여 년 동안 개인생활은 암담한 먹구름에 덮여 있었고, 이것이 자연히 건강에도 안 좋은 영향을 끼쳤던 것이다.

　자녀가 많은 사람을 최고의 행운아로 여기던 세상이었다지만 그래도 사실 강희제에게는 자식이 너무 많았다. 여덟 살에 즉위한 조숙한 천자는 열네 살에 벌써 아들을 보았다. 그 뒤로 매년 또는 2년에 한 명꼴로 황자가 태어나기 시작해서 황가의 계보에 오른 숫자만 해도 서른다섯 명에 이른다. 딸은 중요하게 여기지 않았으므로 그 숫자를 알 수 없다. 중국에서는 옛날부터 딸에게 상속권이 없었기 때문에 자식으로 치지 않았고 딸이 아무리 많아도 아들이 없으면 '자식이 없다'고 말하는 것이 보통이었다. 강희제의 경우, 딸이 아들만큼 있었을 거라고 가정하면 황제는 무려 일흔 명의 자녀를 둔 아버지가 되는 셈이다. 강희제가 자식이 많아서 괴로웠던 것은 물론 생활고 때문이 아니다. 제왕에게는 일반인이 알지 못하는 고뇌가 있는 법이다. 바로 후계자 문제이다.

　군주제하에서 황자들 중에서 아버지의 뒤를 이어 황제가 되는 자와 그렇지 못한 자 사이에는 비록 형제간이라 할지라도 천양지차보다 더 심한 괴리가 생긴다. 일반적으로 적장자가 후계자가 되지만 군주의 의향에 따라 얼마든지 바뀔 수도 있었다. 이로 인하여 황자들 사이에는 황위계승을 둘러싼 암투가 벌어지기 일쑤였고, 그래서 이를 방지하고자 미리 후계자를 정해 두는 황태자 제도가 만들어졌던 것이다. 이 제도는 옛날부터 중국에서 발달되어 온 것인데, 만주에서 발흥한 청조에서는 이와는 양상이 조금 달랐다. 일반적으로 북방 유목민족들 사이에는 공화제적 전통이 뿌리깊게 남아 있었다. 그들의 수장으로는 가장 무력이 강한 자, 또는 가장 혈통이 고귀한 자가 유력한 족장들에 의해 선출된다. 이렇게 선거로 뽑힌 수장은 자신의 후계자를 마음대로 지명할 수 없다. 청조에서는 1대 태조와 2대 태종이 결국 후계자를 정하지 못한 채 타계하였고 태종의 아들 순치제에 이르러서야 비로소 임종시에 후계자 지명권을 행사할 수 있었다. 이는 중국식 군주제 관념이 차츰 만주족에 침투되어 감을 보여주는 것으로 강희제 때에 이르자 완전히 중국식을 따라 천자 생전에 황태자를 확실히 정해 두려고 하게 되었다.

강희제의 자녀 수십 명의 대부분은 물론 서출들이다. 황성의 중심을 점하는 약 1평방 킬로미터의 넓은 자금성 안에는 수백 명의 여관(女官)과 수백 명의 환관이 생활하고 있었는데 남자라고는 오직 황제 한 사람뿐이었다. 황자는 성년이 되면 분가시켜서 밖으로 내보낸다. 여관과 환관은 황제 한 사람에게 봉사하는 남녀 노예에 지나지 않았다. 황후 외에도 여관 중에서 선택되어 운 좋게 황자를 낳게 된 여성에게는 귀비나 황귀비 등의 칭호와 위계가 부여된다. 강희제가 너무 어릴 때 얻었던 자녀는 성장하지 못하고 거의 유아기에 죽었다. 다섯번째로 태어나 성인이 되어 대아거(大阿哥)로 불리게 된 황자 역시 서출이었다. 아거(阿哥)란 만주어로 귀공자라는 뜻이다. 이하 차례대로 이아거, 삼아거라는 식으로 번호를 붙여 부르게 되는데 공식적인 경우에는 황이자, 황삼자라고 불렀다.

수많은 황자들 가운데 두번째 아거만이 황후에게서 태어난 적자였다. 황후는 산후 회복이 좋지 않아 이아거를 낳고 곧 죽었는데 강희제는 그 슬픔을 달래기 위해선지 황후가 남기고 간 이 아이를 유독 총애해서 두 살이 되자 벌써 황태자로 지명하였다. 사실 이때 황제는 스물두 살이었기 때문에 그렇게까지 서두를 필요가 없었을 터이다. 왜냐하면 너무 일렀던 황태자 책봉으로 인하여 결과적으로 뒷날 후회하게 되는 사태가 벌어졌다. 이 이아거야말로 청조에서 최초이자 마지막 황태자이며 두 번 황태자가 되었다가 두 번 폐위된 불행한 운명의 주인공이기 때문이다. 여기에 넌더리가 난 후대 청조의 황제들은 두번 다시 황태자를 세우지 않았다.

그러나 당시 강희제는 뒷날 이처럼 비극적인 결말이 오리라고는 꿈에도 생각지 못하였다. 기존의 관례를 깨고 생전에 후계자를 지명하여 황태자를 세워도 황족이나 대신들 누구 하나 불평하지 못하였던 것은 청조가 이미 완전히 중국화되어 중국식 독재 군주권을 확립시키고 있었음을 의미한다. 완전히 중국의 황제로 자리를 굳힌 강희제는 안도와 만족감을 동시에 맛보면서 대단히 득의양양해하였다. 이제 황태자를 교육시켜 훌륭한 황제로 키우는 일만이 남아 있을 뿐이었다. 황태자가 막 철이 들기 시작할 때부터 황제는 몸소 황태자의 손을 이끌어 책 읽기를 가르쳤고 여섯 살 무렵부터 대신인 장잉(張英)과 리광디(李光地)를 스승으로 삼았다. 게다가 슝츠뤼(熊賜履)에게 명하여 중국철학을 강의하도록 하였고 자라서는 탕빈(湯斌)과 같은 명사에게 가정교사를 맡겼다. 그래서 황태자는 만주문과 한문에 통달하고 기마궁술에도 뛰어난, 장래가 촉망되는 멋진 청년으로 성장한다. 만약 이대로만 계속되었다면 강희제는 별 걱정없이 자애로운 아버지로서 원만한 가정생활을 누릴 수 있었을 것이다. 그러나 세상에 부러울 것 하나 없던 그 순간 커다란 유혹의 손길이 미쳤다. 점차 황태자의 소행이 걷잡을 수 없이 나빠진다는 이야기가 궁중에 떠돌기 시작하였고, 마침내 강희제의 귀에도 이런 소문이 들어가게 된다.

강희제가 황태자의 신상을 지나치게 배려한 나머지 세상에서 일류의 군자들, 곧 완고하기만 한 도학자 노신들만을 가려 뽑아 황태자 지도의 역할을 맡겨 측근에 두었던 것이 실패의 첫번째 원인이었다. 쑥도 삼밭 속에서 키우면 곧게 자라는 것처럼 황태자를 정인군자(正人君子)에게 맡겨 두면 나쁜 길로 빠질 염려는 없을 거라고 너무 믿어 버린 것이 오산이었다. 젊고 혈기 왕성한 황태자는 어디를 둘러보아도 답답한 노인네들만 있는 데 싫증이 났다. 차츰 아버지 강희제가 골라 준 늙은 가정교사들을 멀리하고 자기 마음대로 놀이 패거리를 만들기 시작하였다. 무리를 지어 놀려면 교제비가 필요하다. 황태자는 비밀리에 정치에 관련된 일로 야심가들의 청탁을 받아 황제에게 매달려 부탁하였고 그 효과가 나타나자 그때마다 황태자에게는 막대한 사례가 뒤따랐다. 강희제가 자식 사랑에 눈이 멀어 황태자에게 정치상의 밀실공작을 용납하였던 것이 두번째 커다란 실책이었다. 황태자는 어느 새 대단한 정치 보스로 커 버린 것이다.

여기서 잠시 과거 중국의 보스 정치에 대하여 한마디 덧붙이기로 하자. 옛날부터 중국에서는 관료의 지위 그 자체가 일종의 자본이었다. 관직에 오르면 어딘가에서 어떤 식으로든 금전이 굴러 들어온다. 그러나 그 관직을 유지하기 위해서는 상당한 금전을 뿌려서 여러 곳에 다리를 걸쳐 놓지 않으면 안된다. 이렇게 얼굴과 얼굴, 돈과 돈이 얽혀서 정당과 비슷한 것이 만들어진다. 이를 붕당(朋黨)이라 하는데, 조정 대신 중에 붕당의 보스가 있고 중앙에서 지방 관청에 걸쳐 중간 보스와 말단 책임자가 요소 요소에 배치되어 있으며 무수한 부하가 그 밑에 딸려 있다. 관료의 승진은 먼저 보스들 사이에서 은밀한 거래를 통해 내정한 다음 겉으로는 정부가 결정해서 발표하는 형식으로 이루어진다.

강희제 시대도 역시 예외가 아니어서 붕당의 풍조가 만연하고 있었다. 처음 만주 귀족 출신인 대신 밍주(明珠)라는 자가 도당을 만들어 보스가 되었다. 그는 많은 뇌물을 탐하고 관리의 진퇴를 마음대로 좌지우지하였다. 이런 행태가 강희 27년 감찰관 궈슈(郭琇)에 의해 적발되어 밍주는 실각하게 된다.

궈슈라는 사나이는 극적인 일을 연출하기를 좋아해서 세간에서 인기가 높았다. 처음 그가 우장(吳江)이라는 현의 지현이 되었을 때는 금전상의 문제로 추문이 사방에 퍼졌다. 이때 상관인 민정 장관 격의 순무(巡撫)로 부임한 사람이 탕빈(湯斌)이었다. 탕빈은 청렴함으로 천하에 명성이 자자하였고 수하의 탐욕스러운 관료들을 단호하게 척결하려는 의지가 강한 인물이었

다. 귀슈는 재빨리 탕빈의 처소로 가서 동정을 살핀 뒤 이렇게
말하였다.

　"오늘까지 제가 뇌물을 탐하였던 것은 분명 사실입니다만
이는 윗사람이 뇌물을 요구하여 어쩔 수 없이 아래로부터 거
두어들였던 것입니다. 귀하가 청렴한 대관인 것은 천하에 모
르는 자가 없습니다. 만일 윗사람이 한푼도 뇌물을 받지 않
는다면 저도 지금부터 일체 뇌물을 받지 않겠습니다. 아무쪼
록 한 달 간만 유예기간을 주십시오. 그 동안 현의 정치를 완
전히 쇄신시켜 보이겠습니다."

탕빈은 웃으면서 이를 허락하였다. 귀슈는 현에 돌아오자 관
청의 기둥과 마룻바닥을 모두 싹싹 닦게 하였다. 그러고 나서
아랫사람들에게 이렇게 선언하였다.

　"어제까지의 지현은 죽었다. 오늘 온 지현은 다시 태어난
귀슈인 것이다. 너희들도 더불어 다시 태어나도록 하라."

현의 정치는 그날부터 완전히 바뀌었다. 탕빈은 귀슈를 가장
우수한 관료로 조정에 보고하였고 점점 수완을 인정받아 감찰
관 격인 어사가 되었다. 귀슈는 밍주의 횡포를 보고 감찰관의
임무상 그냥 놔두어서는 안되겠다고 생각하였다. 그러나 나는
새도 떨어뜨린다는 밍주를 건드린다는 것은 목숨을 걸어야 할
만큼 위험천만한 일이었다. 고민에 고민을 거듭한 끝에 결국 죽
기 아니면 살기 식의 대도박을 벌이기로 결심하였다.

2월 6일은 밍주의 생일이어서 그 일당은 모두 밍주의 저택에
모여 축하연회를 벌이고 있었다. 이 날을 노려 귀슈는 아침 일

찍 조정에 나가 밍주의 여덟 가지 대죄를 열거한 탄핵서를 제출하고 그 길로 바로 밍주의 집을 찾아갔다. 놀랍게도 명사 궈슈가 방문하였다고 하자 밍주는 크게 기뻐하며 맞으러 나와 대관들이 앉아 있는 상석으로 안내하였다. 궈슈는 유유히 안으로 들어가 정식으로 인사하지는 않고 고개만 끄덕였다. 궈슈가 잠시 머무적거리는 것을 본 밍주는 오해를 하였다.

"저를 위하여 축하 시문 같은 것을 지어 오신 거라면 받들어 보고자 합니다."

궈슈는 갑자기 엄숙한 얼굴을 하고는

"보여 드릴 것은 귀하에 대한 탄핵문이오"

하고는 탄핵문의 사본을 밍주의 코앞에 들이밀었다. 밍주는 받아서 펼치기는 하였으나 손이 떨려서 읽을 수 없었다. 궈슈는 점점 더 태연자약하게

"대관에게 실례가 되는 일을 저지른 터이니 무례에 대한 벌로 보시는 앞에서 제가 스스로 벌주를 마시겠습니다"

라고 하면서 옆에 있던 큰 술잔을 들어 스스로 술을 가득 따라 쭈욱 들이켰다. 자리를 가득 메운 대관들이 아연실색하고 있는 것에는 아랑곳하지 않고 다시 유유히 물러나가는 그의 배포는 대단하였다.

그야말로 선전효과가 만점이었다. 이 통쾌한 일화는 그날로 베이징 전역에 퍼져서 사람들의 입에 오르내렸다. 거기다 밍주의 집에서 궈슈에게 얼굴을 보인 자들은 누구 하나 밍주를 변호할 수 없었다. 이렇게 해서 그 대단한 밍주도 실각하게 된다.

다음에 나타난 붕당의 보스가 송고투(索額圖)였다. 송고투
는 만주족 명문 출신인데다가 세상을 떠난 황태자의 모후의 숙
부 되는 사람이었다. 정치 보스가 되기에는 더할 나위 없는 신
분이었다. 이 송고투가 자신의 지위를 한층 강화하기 위하여 황
태자를 끌어들여 보호막으로 삼게 되자 사태는 더욱 극에 달하
였다. 장래 천자의 지위를 상속받을 황태자를 일찌감치 가까이
해두면 여러 모로 유리하리라는 것은 삼척동자도 생각할 수 있
는 일, 그러기 위해서는 먼저 송고투의 손을 거치지 않으면 안
된다. 송고투의 위세는 나날이 커져 갔다. 연로하여 살 날이 얼
마 남지 않은 강희제에게 충의를 내세우는 것보다는 미래가 보
장된 황태자와 그 총지배인 격인 송고투의 환심을 사두는 편이
훨씬 이득이 된다. 그러나 이것은 황제 독재체제하에서는 도저
히 용납할 수 없는 월권행위다. 황제는 어디까지나 정치의 중심
에 있지 않으면 안된다. 태양이 있는데 또 다른 태양이 존재하
는 것은 정치 운행을 엉망진창의 혼란에 빠뜨리는 일이다.

군주 독재체제하에서는 황태자도 단지 일개 신하에 지나지
않는다. 다만 황제가 될 후보자 정도인 셈이며, 따지고 보면 더
부살이 신분이므로 정치에 관여해서는 안된다. 황태자가 자신
의 본분을 망각하고 정치 보스화되어 가는 모습을 지켜보면서
강희제는 심각한 고민에 빠졌다. 황태자도 이미 서른 살이 다
되었건만 부모의 눈에는 아직 그저 어린아이로밖에 보이지 않
았던 것이다. 이는 송고투 탓이다. 송고투만 없었더라면 이런
지경에까지 이르렀을 리 없다. 황제는 결심을 굳히고 송고투를

면직하고 유폐시켰으나 그래도 뉘우치는 기색이 없어 자살 처분을 내렸다. 이때가 강희 42년, 곧 황제가 쉰 살 되던 해의 일이었다.

송고투만 없애면 되겠지 하고 쉽게 생각하였던 강희제의 예측은 보기 좋게 빗나갔다. 일단 만들어진 황태자 중심의 당파는 해체되기는커녕 더욱 악질이 되어 갔다. 강희제도 이제 노년으로 접어들었고 황제가 죽으면 황태자의 세상이 된다. 앞을 내다보고 황태자에게 마음을 두는 자가 적지 않았다. 황태자 자신 역시 마음속으로는 전혀 뉘우치지 않았다. 그에게 황제는 아버지이기는 하지만 동시에 어머니 쪽 대숙부 격인 송고투의 원수였다. 과연 황태자가 이렇게까지 생각하였을지는 알 수 없지만 강희제의 귀에는 황태자가 원한을 품고 있으므로 방심하지 말아야 한다는 보고가 속속 들어왔다. 그러자 이 정보가 다시 황태자 편에도 전해진다. 독재제하에서 황태자의 지위는 매우 불안정한 것이었다. 천자의 명령 한마디에 의해 정치적으로 어떤 파란도 없이 신하로부터 어떤 반대도 없이 쉽게 바뀔 수 있는 성질의 것이다. 황태자는 천자가 되기까지는 절대 안심할 수 없는 지위였다. 그러나 아무리 빨리 천자가 되고 싶다고 해도 현실에서는 아버지가 엄연히 천자의 자리에 앉아 있지 않은가?

황태자가 쿠데타를 일으킬 음모를 꾸미고 있다는 소문이 들려오자 강희제는 더 이상 방치해 두어서는 안되겠다고 생각하여 드디어 황태자를 폐한다는 중대한 결심을 굳혔다. 강희 47년 9월, 황제는 내몽골 푸르하스타이의 여행지에서 갑자기 왕공

대신을 필두로 백관들을 행궁 앞에 소집하고는 황태자를 불러 내 무릎을 꿇게 하고 폐위선고를 내렸다.

　"짐은 너의 악행을 봐도 못 본 척하고 참고 참으며 25년을 기다려 왔다. 이는 언젠가는 네가 본심으로 돌아와 참된 인간이 되어 주기만 바랐기 때문이었으며 그것만이 나의 유일한 희망이었다. 네가 설마 송고투의 일로 눈이 어두워져 아비를 원수로 삼으리라고는 생각조차 하지 않았다. 요즘 너의 행동은 귀신에 홀린 듯하여 짐은 오늘 독약에 당할지, 내일 자객에게 시해당할지 잠시도 마음을 놓을 수 없는 나날을 보내고 있다. 만일 짐의 일신상에 불행한 일이 생긴다면 일신의 일은 제쳐두고라도 선조 이래의 빛나는 역사를 더럽히게 되니 어찌할 것인가? 너 같은 불효자를 태자의 지위에 둘 수는 없다."

선고를 마치고 강희제는 슬픔에 겨운 나머지 울부짖으며 바닥에 쓰러졌다. 부자간의 정 때문이기도 하였지만 전체 아시아의 제왕으로서의 자존심이 무참히 짓밟힌 데서 오는 마음의 동요를 억누를 수 없었던 것이다. 황제는 몸소 붓을 들어 태자를 폐할 수밖에 없었던 사정을 천지신명에게 고하는 글을 짓고 폐위된 태자를 궁중에 구금하였다.

　그러나 한편 강희제는 한 가닥 희망을 버리지 않았다. 태자가 뉘우치는 빛을 보여주기만 한다면 다시 복위시킬 수 있고 자신도 또한 잃었던 명예를 회복할 수 있을 것이다. 태

자가 원래 아주 바보는 아니었던 터, 이를 계기로 반성한다면 무슨 문제가 있겠는가? 뉘우치기만 한다면 원래 부자 사이인 터, 아무 거리낌 없이 평화로운 가정을 재건할 수 있을 것이다. 그렇게 되기만을 기다리도록 하자.

그러나 강희제의 낙관적인 기대와는 반대로 사태는 더욱 악화되어 간다. 폐위된 태자보다 두 살 위인 형 대아거가 기회를 보아 몰래 아버지의 귀에 속삭였다.

"폐하, 이아거는 살아 있어도 어차피 글러 버린 인간입니다. 최후의 결단을 내리십시오."

"그러면 그 뒤는 어떻게 하라는 것이냐?"

"팔아거가 대단히 견실한 인물입니다."

강희제는 이 말을 듣고 천지가 뒤집어지는 듯하였다. 황태자 문제는 자신과 황태자 사이의 일이지 다른 황자와는 전혀 상관없는 것이라 생각하였다. 그러므로 여러 황자들은 이런 일에는 일체 신경 쓰지 않고 오로지 아버지를 신뢰하며 그저 고전공부에나 전념하고 있으리라 생각하였다. 그런데 대아거의 말투로 짐작하건대 여러 황자들은 이제 황태자의 후임이 되기 위하여 본격적으로 운동을 시작한 듯하다. 그렇다고 해서 방해가 되는 폐태자를 죽이라고까지 하다니! 지혜가 조금 모자라는 대아거가 인간성이 나쁜 팔아거의 조종을 받아 이런 이야기를 하러 온 것이다. 이 대아거조차도 내심 자기말고는 황태자가 될 만한 자격을 가진 자는 없다는 듯 자신만만한 빛이 얼굴에 가득하다.

이것은 중대한 일이라고 황제는 직감하였다.

"아거들을 불러라."

불려 온 황자들은 폐태자인 이아거를 제외하고 서른일곱 살의 대아거를 필두로 서른세 살의 삼아거, 서른두 살의 사아거, 서른한 살의 오아거, 서른 살의 칠아거, 스물아홉 살의 팔아거, 여기서부터 죽 이어서 스물두 살의 십사아거까지 적령기의 청년만 열 명 남짓이었으므로 자못 장관을 이루었다.

"팔아거한테 묻겠는데 너는 황태자가 되고 싶으냐?"

팔아거는 아버지의 말을 듣자 무릎을 꿇고 무슨 말인가 하고 싶은 표정이었으나 대답은 하지 않았다. 안색에는 분명 부정하는 빛을 띠고 있다. 그러자 앞에 나서서 대신 대답한 것이 구아거와 십사아거였다.

"팔아거가 절대 그런 마음을 가졌을 리 없습니다. 무언가 오해가 있었던 것 같습니다. 이 점에 대해서는 저희들이 책임지고 보증할 수 있습니다."

아하 무언가 끈이 있었던 게로구나 하고 강희제는 속으로 생각하였다. 팔아거를 보증한다고 하는 그 입으로 왜 폐태자의 일을 중재해 주려고는 하지 않는 것일까? 안타까울 뿐이었다. 황태자를 세우든지 폐하든지 그것은 아버지의 권한이다. 황자들이 관여할 일이 아니건만 여기 있는 황자들은 폐태자의 실패를 요행으로 여기고 서로 얽히고 설켜 싸우며 칼을 갈고 있는 것이다. 아버지에게 형제를 추천하는 것도 보증을 서는 것도 모두 그렇게 함으로써 자신을 내세우고 인정받고자 함이다. 황제는 점점 더 불쾌해졌다.

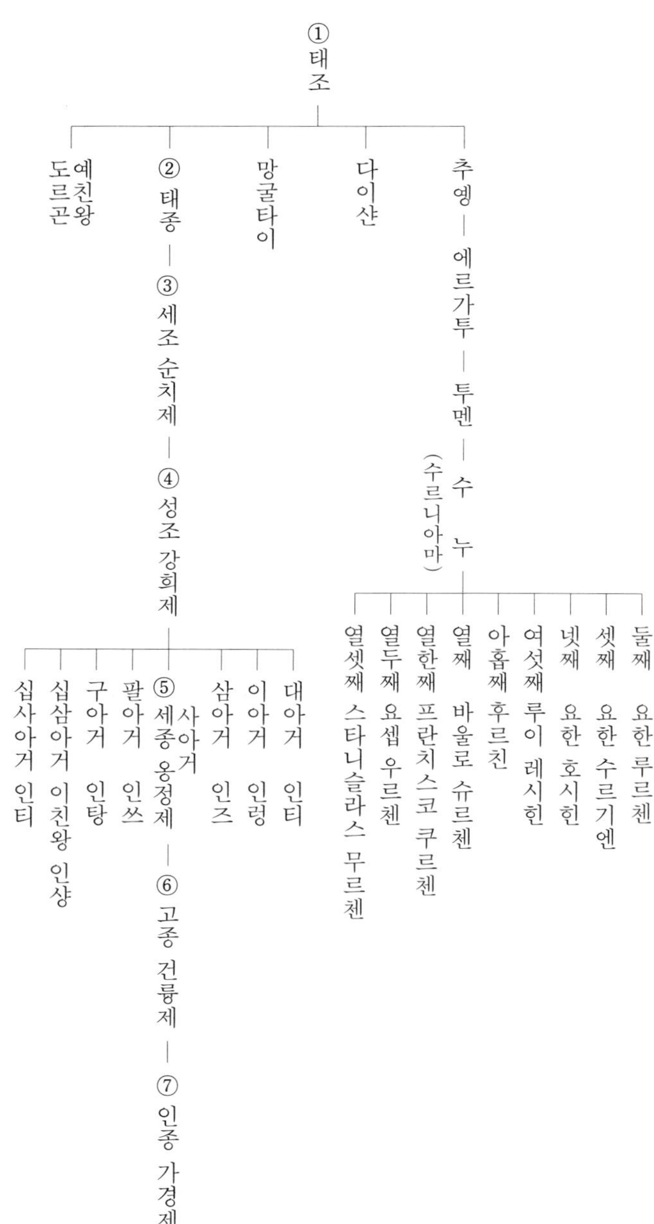
① 태조
추영 — 에르가투 — 투멘 — 수 누 (수르니아마)
다이샨
망굴타이
② 태종 — ③ 세조 순치제 — ④ 성조 강희제
예친왕 도르곤
둘째 요한 루르첸
셋째 요한 수르기엔
넷째 요한 호시힌
여섯째 루이 레시힌
아홉째 후르친
열째 바울로 슈르첸
열한째 프란치스코 쿠르첸
열두째 요셉 우르첸
열셋째 스타니슬라스 무르첸
대아거 인티
이아거 인렁
삼아거 인즈
사아거 ⑤ 세종 옹정제 — ⑥ 고종 건륭제 — ⑦ 인종 가경제
팔아거 인쓰
구아거 인탕
십삼아거 이친왕 인샹
십사아거 인티

"됐다. 물러가라. 팔아거한테는 할 말이 있다."

황제는 팔아거가 황태자의 지위를 노리는 음모의 장본인이라 보고 구금하도록 명령하였다. 그리고 얼마 뒤 두번째 괴사건이 일어났다. 대아거가 폐태자를 저주하기 위하여 몽골의 라마승에게 부탁해서 주술을 하는 물건을 10여 군데에 묻어 두었다는 것이다. 이것은 중국에서도 예로부터 있어 온 미신이지만 만주나 몽골의 후진 민족들간에는 특히 그 신비로운 힘이 신앙의 대상이 되어 왔다. 이 음모를 적발해 낸 것은 삼아거였다. 땅을 파 보게 하니 과연 인형 같은 불길한 증거물이 속속 나왔다. 강희제는 놀라기는 하였지만 이 일로 도리어 기분이 가벼워진 듯하였다. 명석한 강희제였으나 폐태자의 일에서만은 눈이 어두워졌던 것이다. 폐태자의 지금까지의 소행은 아무리 보아도 제정신에서 한 짓이 아니다, 어떤 요망한 물건에 홀린 것처럼 무언가 눈에 보이지 않는 힘에 의해 조종을 받고 움직였다는 식이었다. 이제야 그것이 이해가 되었다. 대아거의 저주에 희생된 것이다. 이렇게 생각하자 강희제는 폐태자가 가여워서 견딜 수 없었다. 황제는 우선 대아거를 구금시키고, 마음속으로는 폐태자를 다시 복위시키기로 결심하였다.

어느 날 강희제는 불시에 백관을 궁중에 소집하였다.

"짐의 황자 중에서 누가 황태자가 되기에 가장 적합하다고 생각하는가? 경들의 의견을 듣고자 한다."

대신들은 황제의 의향을 헤아릴 수 없어 당혹스러웠다. 서로 눈치를 보며 궁리에 잠겨 있을 때 어디선가 신호가 전달되어 왔다. 그것은 팔이라는 글자였다. 여기에 이끌려 일동은 팔아거의 이름을 종이에 써서 황제 앞에 제출하였다. 강희제는 기대가 어긋나자 점점 더 우울해졌다. 그냥 내버려 둘 수 없는 일이었다. 빨리 실행에 옮기지 않으면 안되겠다 생각하고 다시 백관을 소집한 다음 폐태자에게 뉘우친다는 서약을 받고 구금에서 풀어 주었다.

"너희들은 이전에 태자가 제정신을 잃고 광포한 행동을 할 때는 누구 하나 간하는 자가 없더니 이제 와서 팔아거를 천거하는 속셈이 무엇이냐?"

대신들은 황제로부터 엄하게 질책을 받고 물러났다. 팔이라는 글자 신호를 보낸 장본인으로 지목된 대신 마치(馬齊)는 사형을 면하고 집안에 유폐되었다. 대신 가운데 유일하게 리광디(李光地)만이 팔아거의 이름을 적지 않았다.

"태자의 행동은 병으로 인한 것임이 틀림없습니다. 병은 양생 여부에 따라 치유될 수 있습니다"
라고 대답하였는데, 이것만이 황제의 뜻에 맞았기 때문에 칭찬을 들었다.

이듬해 강희 48년 3월, 강희제는 다시 이아거를 황태자로 세우고 천지신명과 조상의 묘에 고하는 제사를 올린 뒤 천하에 포고하였고 일제히 사면을 하도록 지시하였다.

이제 일단은 안심해도 되겠지 하고 겨우 마음을 놓은 것도 잠시뿐, 황태자는 다시 악행을 저질렀다. 태자의 재기를 알게 된 야심가들이 태양이 다시 떠오를 절호의 기회라고 좋아하며 끊어졌던 끈을 다시 잇고 태자의 신변을 에워싸기 시작하였다.
측근자의 부탁을 받으면 황태자도 결국 정치운동에 나설 수밖
에 없게 된다. 미래의 황제라는 위치는 대개의 경우 어떤 무리
한 일도 성사시킬 수 있다. 태양계에는 다시 두 개의 태양이 빛
을 발하기 시작한 것이다.

여기에 대하여 황태자의 반대편에서는 비난과 중상의 소리
가 흘러 나왔다. 출처는 확실하지 않으나 형제인 황자들 사이에
서 나온 것임에 틀림없다. 반향은 다시 반향을 불러일으켰다.
황태자가 꾸미고 있다는 2차 쿠데타 음모 운운은 처음에는 근
거 없는 소문이었을 테지만 결국 거짓에서 사실이 생겨난 형국
이 되고 말았다.

이것이 두번째 사태이기 때문에 강희제는 무슨 일이 있어도
자신이 참아서 수습할 수만 있다면 원만하게 넘어가기를 간절
히 바랐다. 황태자의 마음을 다잡기 위해서는 어떤 희생을 치르
더라도 아깝지 않다고 생각하였다. 자신이 죽은 뒤 지위와 재
산, 권력까지 온전히 그대로 넘겨 주기 위해서 세운 황태자가
아니던가? 자신이 살아 있는 동안만, 그것도 요즈음의
건강상태로는 그다지 오래 갈 것 같지도 않은
데 조금만 행동을 삼가 늙은 아비가 만년
을 평화 속에서 안온하게 보낼 수 있게 해
준다면 그 밖에는 아무 것도 바랄 게 없었다. 부자
간에 그것이 불가능할 턱이 없을 것 같았다. 하지만 이런 작은
희망조차도 웬일인지 위태로워지고 있었다. 천자가 결심을 못

하고 있는 사이 황태자 쪽에서는 먼저 기선을 잡는 쪽이 상대를 제압할 수 있다는 심산으로 착착 음모를 진행시키고 있었던 것 같다.

강희 51년 황제는 다시 황태자를 폐위시키고 궁중에 구금하였다.

"최근 몇 년 동안 짐은 참고 또 참아 왔다. 만약 다른 사람이었다면 절대로 견딜 수 없었을 것이다. 앞으로도 참지 못하라는 법은 없다. 그러나 만일 짐의 신상에 돌이킬 수 없는 일이 일어난다면 선조를 무슨 낯으로 대할 것인가? 자식 사랑이 지나쳐 누대의 명예를 헛되이 하였다는 책망을 받아도 할 말이 없을 것이다."

두 번씩이나 제왕의 자존심과 명예를 짓밟힌 강희제의 분노는 필설로 다할 수 없을 만큼 한스러운 것이었다. 온갖 강적과 싸워서 영광스런 승리를 거두었던 제왕이건만 가정생활에서는 비참한 패배자가 된 것이다. 황태자 한 사람만 괘씸한 것이 아니라 황자들이 모두 하나같이 아버지에게 거리를 두고 등을 돌리는 불효자들이었던 것이다.

지난번에 황태자에게 간언을 하지 않았다고 해서 질책당하였던 조정의 대신들은 이번에는 앞을 다투어 천자의 신중한 고려와 반성을 촉구하며 폐태자에 대해서는 모든 책임을 지고 장래를 보증하겠다고 나섰다. 황제는 점점 격앙되었다.

"짐이 처음 황태자를 폐하였을 때에는 마음속 고뇌를 견딜 수 없었다. 황태자에게는 아무런 죄도 없는데, 다만 주위가 나쁘다고만 믿고 있었기 때문이다. 그러나 이제 여기까지 이르고 보니 죄는 다름 아닌 태자에게 있었음을 깨달았다. 불효자에게 당연한 처벌을 내렸기 때문에 짐의 마음은 오히려 후련해졌다. 황태자의 일에 대해서 이제부터는 일체 아무 말도 하지 말라."

입으로는 아무렇지도 않은 듯 말하였지만 마음속 고뇌는 금할 길이 없었다. 두번째 받은 정신적 타격으로 황제의 건강은 눈에 띄게 나빠졌다. 예순을 넘기자 왠지 병치레가 잦아졌고 방안에 칩거해 있는 날이 많아졌다. 한창 때는 다섯 명이 당겨야 되는 강궁(強弓)을 혼자서 당기고 보통 활보다 두 배나 긴 활을 쏘아 백발백중시켰다는 위풍당당하고 건장하였던 호걸 천자의 만년의 모습이라고는 상상이 가지 않을 정도였다.

황태자의 일은 한마디도 입밖에 내지 말라고 황자들과 대신들에게 엄숙하게 선언하였던 강희제였으나 실은 하루도 황태자를 잊어 본 적이 없었다. 강희 57년에 황제는 무슨 생각에서였는지 의전담당관을 불러 황태자에 관한 의식(儀式)을 조사하도록 명하였다. 그러면 그렇지 하고 조정은 술렁이기 시작하였다. 천자가 다시 태자를 세울 의향이 있는 거라고 성급하게 속단하는 자도 있었다. 한림원(翰林院) 검토(檢討) 벼슬을 하는 주톈바오(朱天保)라는 자가 있었는데 그는 다른 사람에게 선두를 뺏길까 봐 급히 서둘러서 폐태자를 다시 책립하라는 청원을 올렸다.

강희제는 격노하였다. 주톈바오를 불러서는 이렇게 물었다.

"요즘 들어 폐태자가 근신에 근신을 거듭하여 타고난 미덕이 다시 발휘되었다고 하였는데 이런 정보는 어디서 입수하였는가?"

신랄하게 힐문당하자 주톈바오는 말문이 턱 막혔다. 근신 중인 폐태자의 주위에는 누구도 가까이 가지 못하게 되어 있었던 것이다.

"실은 아비인 주더우나(朱都納)가 사위 다이바오(戴保)와 의논해서 안을 만들어 제 이름으로 상소를 올린 것입니다."

주톈바오는 추궁당하자 의외로 술술 불어 버리고 말았다. 황제는 더욱 화가 치밀어올랐다.

"이 자는 불충한 자일 뿐 아니라 용서할 수 없는 불효자이기도 하구나."

바로 그 자리에 아비인 주더우나가 불려 왔다. 주더우나는 손이 닳도록 빌었다.

"모두가 소인의 잘못입니다. 소인은 능지처사형에 처해져도 좋습니다만 외아들인 주톈바오만은 살려 주십시오."

강희제는 차갑게 조소하였다.

"중대한 생사의 고비에서 아비의 잘못을 불어 버리는 불효자를 살려 두어서 무엇하겠느냐? 능지처사형을 당하고 싶다면 그렇게 해주겠으나, 그 전에 불효자가 죽어 가는 모습을 네 눈으로 똑똑히 다 보고 나서 죽도록 하라."

오랜 상처에 생채기가 나자 강희제는 마치 딴 사람처럼 잔혹해졌다. 주톈바오와 손위 매부인 다이바오는 형장에 끌려가 목이 잘렸다. 그리고 주더우나는 강제로 현장에 입회시켰다. 다만 노령임을 감안하여 사형만은 면제해 주었다.

이 무렵 국경 부근에서는 전운이 감돌고 있었다. 몽골 서북에 위치한 준가르(準噶爾)부의 용장 돈도브는 산을 넘고 사막을 건너 멀리 길 없는 광야를 지나 티베트로 진격해 왔다. 따라서 중국의 서부 국경 일대는 용맹한 준가르부의 공격을 당할 위험에 처하게 되었다. 황제는 십사아거를 대장군이 임명하여 대군을 이끌고 정벌에 나서게 하였다. 십사아거는 당시 서른하나의 혈기 왕성한 젊은이로 황제는 그의 풍모가 자신과 가장 흡사하다고 여겨 총애하고 있었다. 그런 까닭에 그를 대장근으로 임명한 것은 황태자로 세우기 위한 예비행동일 것이라는 소문이 항간에 떠돌았다. 만일 보기 좋게 전공을 세우고 개선하면 그 상으로 십사아거의 황태자 책봉이 지극히 자연스럽게 이루어질 공산이 큰 것이다. 더구나 당시 궁정에는 황후가 없었고 비빈들이 황자들과 마찬가지로 세력을 겨루는 군웅할거 상태에 있었는데 그 중에서도 십사아거의 모친은 만만치 않은 수완가여서 모두들 두려워하고 있었다.

십사아거의 군은 출정하여 다음해 칭하이(淸海) 지방에서 적장 돈도브의 군대를 격파하였고 이어서 티베트 일다를 평정하러 나섰다. 십사아거는 별다르게 전선에 직접 출동하지는 않았지만 총지휘관의 책임을 맡고 있어 전공의 대부분을 차지할 권리가 있었다. 그러나 강희제는 그의 개선을 기다리지 못하였다. 강희 61년 11월 그 즈음 좋지 않았던 황제의 건강이 급격히 악화되어 베이징에 있는 황자들은 아버지의 임종시 머리맡에 불려 왔다. 십사아거의 동복형인 사아거는 마침 아버지의 대리로 하늘에 제사지내기 위하여 남효(南郊)에 나아가 정진결재(精進潔齋, 술과 육식을 금하고 심신을 정화하는 수양법)하고 기도를 드리고 있다가 급보를 듣고 달려왔다. 모인 것은 셋째, 넷째, 일곱째, 여덟째, 아홉째, 열째, 열두째, 열셋째 해서 모두 여덟 형제. 그 밖에는 대신 롱고도(隆科多) 한 사람뿐이었다.

저마다 서로 다른 마음을 품고 마른침을 삼키며 아버지의 임종을 지키고 있을 때, 대신 롱고도가 황제 가까이 불려가 후계자 지명의 뜻을 전해 받았다. 후계자는 뜻밖에도 사아거였다. 이렇게 해서 강희제의 뒤를 잇게 된 사아거가 바로 옹정제이다.

2장

개가 되고 돼지가 되라

개가 되고 돼지가 되라

태자 책봉을 둘러싼 황자들의 싸움은 이제 끝이 났다. 사아거 옹정제는 이제 다른 아거들의 형제가 아니라 그들의 군주가 되었다. 옹정제는 이름을 인전(胤禛)이라고 하는데 다른 형제들도 모두 돌림자인 '胤'자를 공통으로 가지고 있었다. 중국 고유의 오랜 관습에 따르면 천자의 이름은 절대 쓰면 안되는 것이었고 이를 입밖에 내는 것도 문자로 쓰는 것도 엄격히 금지되어 있었다. 따라서 이처럼 외경의 대상인 천자의 이름을 형제이기는 하지만 이제는 신하가 된 자들이 자신의 이름자로 쓰는 것은 허용될 수 없었다. 특별칙령이 내려 아거들의 이름 첫 글자는 모두 '胤'과 발음이 같은 '允'자로 바뀌게 되었다. 중국식 독재황제에게는 형제도 없다. 관념적으로는 있을지 모르지만 현실에서는 존재하지 않는다. 왜냐하면 황제 앞에 나서는 순간 형제라도 모두 신하로 변해 버리는 것이다. 따라서 존재하는 인간은 모두 신하이고 신하 이외의 존재는 있을 수 없었다. 천자가 되고 안되고에 따라 같은 형제간이라도 이 정도의 차이가 생기기 때문에 강희제의 황자들이 필사적으로 황태자의 지위를 노릴 수밖에 없었던 이유를 이해할 수도 있을 것이다.

옹정제가 즉위하자 세상이 별안간 바뀐 것처럼 보였다. 사실 강희제의 61년간의 치세는 너무 길었다. 독재군주가 혼자서 60여 년을 지배하게 되면 자연히 정치가 매너리즘에 빠지는 것을 피할 수 없다. 관리도 백성도 언제까지나 같은 황제에게 머리를 조아리고 있노라면 따분함을 느끼지 않을 수 없을 것이다. 만민은 뭔가 새로운 기대를 가지고 한결같이 새 황제의 일거수 일투족을 지켜보게 된다.

밝아오는 정월 초하루, 연호도 바뀌어 옹정 원년(1723)이 되었다. 새 황제는 마흔여섯 살, 장년기를 더부살이 신세로 헛되이 보냈지만 그 대신 세상의 쓴맛과 단맛을 모두 맛본 사려 깊은 군주라는 소문이 돌았다. 황제는 학문과 문예에 통달하지 않은 바가 없고, 특히 불교의 선학(禪學)에 조예가 깊어 그 진수에 도달하였다는 평판이었다. 궁중에는 생모인 태후가 위엄 있게 건재해 있었기 때문에 비빈과 환관은 위축되어 근신하고 있었다. 동복 형제인 십사아거는 서부 국경에서 대군을 장악하고 있었고 더욱이 그 휘하에서 실제로 군무를 총괄하는 총독 녠겅야오(年羹堯)의 누이동생은 옹정제의 후궁으로 황후에 버금가는 총애를 받는 녠귀비였다. 따라서 흔히 있을 수 있는 군대의 동요나 민간의 불온한 행동 따위도 전혀 있을 수 없었다. 천자가 바뀌어도 세상이 무사태평할 것임은 확실해 보였다. 이렇게 태평한 세상에는 어떤 일도 벌어지지 않을 것 같았다.

중앙정부에서는 새 황제가 즉위하면서 최고정치회의가 설치되어 네 명의 최고위원이 임명되었다. 팔아거, 십삼아거, 대신 마치, 대신 롱고도 등 네 명이었다. 이른바 거국일치의 태세 위에 서 있는 옹정제의 위치는 그야말로 확고부동하여 외부에서 머리카락 한 가닥조차도 건드릴 만한 틈이 없는 것처럼 보였다.

그럼에도 불구하고 어디서 흘러 나오는지 기고한 소문이 바람처럼 세상에 퍼져 나갔다. 이것은 옹정제의 즉위가 선제의 의지에 의해서가 아니라 음모에 의하여 이루어졌다는 것이다. 강희제는 임종시에 대신 롱고도를 가까이 불러 그의 손바닥에 십사아거를 제위에 오르게 하라는 의미로 십사(十四)라는 글자를 써서 황자들에게 보이게 하였는데, 옹정제에게 매수된 롱고도가 '十'자를 손가락으로 가리고 四자만을 보여서 사아거를 제위에 오르게 하였다는 사람이 있는가 하면, 혹자는 롱고도가 十자를 혀로 핥아서 지워 버렸다고도 하였다. 또 강희제가 제위를 십사아거한테 물려준다고 종이에 써둔 것을 옹정제가 훔쳐서 '十'자를 장소를 가리키는 전치사인 '于'자로 변조하여 사아거한테(于) 물려준다고 읽게 하였다고도 하였다.

이러한 풍문에 대하여 옹정제를 두둔하는 여론도 있었다. 아니, 그렇지 않다. 옹정제가 제위에 오른 것은 극히 자연스러운 대세였다. 강희제의 여러 황자 가운데 대아거는 황태자를 저주한 혐의를 받고 구금되었다. 둘째는 폐태자가 되었다. 삼아거는 머리가 나쁘기 때문에 누구도 거들떠보지 않았다. 그렇다면 그 다음 차례는 사아거가 아닌가? 또 새 황제는 선제와 특별히 깊은 인연이 있다. 태자 이외의 다른 황자들은 모두 어릴 때 대신들의 집에서 양육되었지만 사아거는 장성할 때까지 궁중에서 제2 황후의 슬하에서 자랐기 때문에 선제도 그의 인품을 가장 잘 알고 그 가능성을 인정하였을 것으로 보아야 한다. 만약 십사아거한테 제위를 물려줄 요량이었다면 가장 소중한 황자를 천리 밖 먼 곳에 보냈을 리가 만무하다. 선제가 붕어하기 직전에 사아거를 종종 자신의 대리인으로 삼아 창고 사찰과 제천의식 등에 파견하였던 것도 바로 그에게 양위할 뜻이 있었기 때문에 그렇게 한 것이라고 이야기되기도 하였다.

여러 가지 소문과 유언비어가 난무하는 가운데 당연히 사람들의 흥미를 끈 것은 옹정제에게 불리한 쪽의 풍문들이었다. 성공한 자에 대한 질투, 권력자에 대한 반감, 이런 것은 어느 사회에나 있게 마련이지만 시간이 어느 정도 지났음에도 불구하고 이러한 풍문이 끊이지 않는 것은 무언가 원인이 없고서는 불가능한 것이다. 옹정제는 이러한 소문의 출처가 팔아거임에 틀림없다고 점찍었다.

정부의 최고위원 네 명 중에 하나로 임명된 팔아거는 결코 득의양양해하지 않았다. 옹정제는 표면적으로는 팔아거한테 대단히 정중하게 대하였다. 그러나 팔아거의 입장에서는 대접을 받으면 받을수록 어쩐지 기분이 나빴다. 정부에 나가 회의를 할 때도, 길을 걷고 있을 때도, 집에서 쉬고 있을 때도 옹정제의 밀

정이 끊임없이 자신을 감시하고 있는 듯한 느낌이 들어 견딜 수
가 없었다. 아니 어쩌면 모든 사람들이 어느 틈엔지 위세 좋은
옹정제 편으로 돌아서서 자신의 행동을 염탐하는 앞잡이처럼
보였다. 특히 최고위원이 된 또 다른 형제인 십삼아거가 바로
그런 인물로 느껴졌다.

팔아거는 십삼아거와 함께 친왕(親王)의 작위를 동시에 수
여받았다. 팔아거는 염친왕(廉親王), 십삼아거는 이친왕(怡親
王)이라는 황가의 작호를 하사받았다. 청조에서는 모든 황자가
친왕이 되는 것은 아니었다. 작위가 점점 올라가서 마지막으로
되는 것이 친왕인 것이다. 팔아거의 친척과 지인들이 새로 친왕
이 된 것을 축하하러 왔을 때 팔아거는 오히려 침울한 얼굴로
대답하였다.

"축하라니 말도 안되는 소리. 나는 내 목이 붙어 있을지 없
을지가 걱정인 판국이오."

팔아거가 무심코 뱉어 버린 뭔가 의미심장한 이 말은 옹정제
의 밀정에 의해 직통으로 옹정제의 귀에 들어갔다.

"무례한 자다. 더 이상 용서할 수 없다."

옹정제는 마음을 굳혔다. 비록 형제라고 하나 자신이 이미
천자의 대위에 오른 이상 형제라기보다는 군신이다. 신하의 몸
으로 군주에 대하여 불만이나 반감을 표명하는 자는 불충한 역
적이다. 형제라고 해서 그대로 방치한다면 어떻게 만민에게 충
성을 요구할 수 있겠는가?

'하지만 기다리자. 아직 서두를 때가 아니다. 꼬리를 확실하

게 잡을 때까지 기회가 무르익기를 기다리지 않으면 안된다. 폭탄은 때가 되어서 폭파시킬 때까지는 가만히 품에 안고 소중하게 지키는 것이 제일 안전하다.'

옹정제는 아무 일도 없는 것처럼 팔아거를 대하였고 여러 가지 책무도 맡겼다. 그러나 그의 행동에 대하여 끊임없이 모든 각도에서 밀정의 눈이 빛나고 있었음은 말할 나위도 없다. 팔아거가 명령받은 최초의 임무는 선제의 산릉을 짓는 공사를 감독하는 것이었다. 팔아거는 옹정제가 검약가임을 잘 알고 있었기에 공사 예산을 될 수 있는 대로 절약하였다. 예컨대 선례대로라면 능을 쌓기 위하여 필요한 적토는 베이징에서 운반해 와야 하였지만, 운임이 지나치게 많이 들어 현지의 적토로 벌충하기로 하였다. 그러나 팔아거는 예상과 달리 옹정제에게 "선제의 산릉 공사를 허술히 하는 것은 짐에게 불효의 악명을 덮어씌우려는 것이다"라는 질책을 당하였다. 다음에는 황실의 목장을 관리하는 일을 맡았다. 목장에는 쓸모 없는 말이 너무 많았다. 그래서 팔아거는 그 수를 줄이기로 계획을 세웠다. 그러나 이번에도 옹정제는 "선제가 하던 방식이 너무 사치스러웠다는 것인가? 만일의 경우 말이란 아무리 많아도 쓸모 없는 일은 없다"며 팔아거를 나무랐다.

거듭 질책을 당하자 팔아거는 더욱 주눅이 들고 말았다. 그 다음 명령받은 것은 내무부(內務府)의 인원관리였다. 이 일은 까딱 잘못하였다가는 여러 사람들로부터 큰 원한을 사게 되는 일이다. 최초의 인원관리 계획은 지나치게 사정을 봐준 거라고 야단을 맞았다. 이번에는 될 대로 되라는 심정으로 인원을 대폭 줄이자 과연 쫓겨난 쪽에서 강한 반발이 일어났다. 내무부에서 다수의 사람들이 무리를 지어 깃발을 앞세우고 팔아거한테 몰려간 것이다. 폭동에 이르기 일보 직전에 소동은 진정되었으나, 이 사실을 전해들은 옹정제는 마음이 편치 않았다. 황제에게는 이것이 팔아거가 일부러 천자에게 원망이 쏠리게 하기 위하여 꾸며 낸 연극으로밖에 생각되지 않았다. 어쩌면 소동 자체도 팔아거가 뒤에서 선동하였을지도 모를 일이 아닌가.

팔아거 쪽에서는 이러나 저러나 미움을 피할 수 없는 상황이었다. 네가 선동자인가라고 물어도 예, 예 하고 인정해 버렸다. 이런 식의 긍정 역시 옹정제의 마음에 들지 않았다. 상대방이 대응을 하지 않고 묵묵히 져주는 것만큼 울화통이 터지는 일도 없을 것이다. 차츰 조사를 해나가자 팔아거가 소동을 선동하였다는 것은 사실무근임이 밝혀졌다. 그렇다면 타인의 죄까지 스스로 뒤집어써서 인기를 얻고 세상의 동정을 끌려는 책략이 아닌가 하고 옹정제는 넘겨짚었다. 선두에 서서 팔아거의 집에 몰려든 자가 누구인지 확실히 지명하라고 하자 팔아거는 요리사가 목격한 바에 따라 다섯 사람을 지명하였다. 그런데 이 다섯 명을 심문해 보니 소동과는 전혀 관계가 없고 확실하게 알리바이가 성립되는 자도 있었다. 만일 이렇게 무고한 자를 붙잡아 그냥 처형해 버린다면 여론은 팔아거를 책하는 것이 아니라 천자의 실책을 비난할 것임에 틀림이 없다. 팔아거는 점점 더 가증스러운 인물이 되고 만다. 팔아거는 이 사건으로 말미암아 친왕의 작위를 박탈당하고 보통 황족의 지위로 강등당하였다.

옹정제는 선제의 사적을 조사하기 위하여 강희연간에 팔아거가 하사받았던 천자의 조서(詔書)와 어필 편지 등을 내놓으라고 요구하였지만 팔아거는 끝내 응하지 않았다. 팔아거는 아랫사람이 실수로 다른 서류와 같이 태워 버렸다고 핑계를 대었다. 그 친필문서 중에는 황태자 문제와 관련해서 강희제가 엄한 말투로 팔아거한테 훈계를 내린 문장이 있었을 텐데 옹정제는 그것이 보고 싶어서 견딜 수가 없었다. 팔아거 쪽에서는 그런 것을 재료로 조정에서 편찬하는 역사서에 나쁘게 서술되면 후대까지 불명예스러울 것이기 때문에 무슨 일이 있어도 제출할 수가 없었다. 몇 번을 독촉받아도 같은 말로 거절할 수밖에 없었다.

"천지가 지켜보고 있는데 결코 거짓은 아뢰지 않습니다. 만약 털끝만큼이라도 거짓이 있다면 일가가 모두 천벌을 받아 망할 것입니다."

옹정제는 점점 더 화가 나서 속을 끓였다.

"일가란 말을 잘도 끄집어냈다. 청조는 천자부터 황족까지 전체가 일가가 아니더냐? 너는 청조가 망하기를 하늘에 빌고 있는 것 같다. 이런 자를 황족으로 두어서는 안되겠다."

팔아거는 이 일로 황족의 적을 박탈당하고 일개 평민으로 격하되었다. 그러나 단지 격하시키는 것만으로 끝나지 않았다. 옹정제는 팔아거를 내무부 안에 있는 특별 독방에 감금시켰던 것이다. 팔아거도 자포자기 상태가 되어 버렸다.

　"지금까지 별로 식욕이 없었는데 잘 되었다. 이제부터 먹을 수 있는 한 먹겠다. 몸을 더 더욱 소중히 여겨서 살 수 있을 때까지 살련다. 죽음을 당하기 전까지는 돌이라도 갉아 먹으며 버텨 내어 보이겠다."

이를 전해들은 옹정제는 한층 격분하였다.

　"이 자는 이미 황족이 아니다. 일개 평민이다. 황족으로 착각할 수 있는 이름을 가져서는 다른 형제들에게 폐가 된다. 이름을 무어라 붙였으면 좋을지 본인에게 물어보라."

사자가 명령을 전하자 팔아거는 평온한 얼굴로 딱 한마디만 하였다.

　"개."

　"좋다. 개라고 하라."

옹정제는 그 자리에서 팔아거를 개라고 이름 붙였다. 만주어로 개는 '아키나'라고 한다. 그때부터 조정에서는 팔아거의 이름을 불러서는 안되고 언제나 '아키나'라고 해야 하였다.

　옹정제 쪽에서 본다면 분명 여러 가지 이유가 있었을 것이다. 독재군주제하의 모든 인간관계는 무엇보다도 군신관계를 바탕으로 이루어지지 않으면 안된다. 부모자식도, 형제도, 친구도 군신관계 앞에서는 모두 그 가치를 부정하지 않으면 안된다. 옹정제와 팔아거는 물론 과거에는 형제지간이었다. 그러나 옹정제가 천자의 지위에 오른 이상 두 사람의 관계는 군주와 신하 관계가 우선이며 그 다음에 비로소 형제일 수 있는 것이다. 형제가 먼저그

그 다음에 군신관계가 되어서는 안된다. 또한 독재군주제에서 군주는 독재를 하도록 의무가 지워져 있다. 비록 형제라 할지라도 군신관계를 무시하는 자에 대해서는 무슨 수를 써서라도 반드시 군신관계를 중시하도록 교육시키지 않으면 안된다. 중국 격언에 철저하고 엄하게 교육을 시키지 않는 스승은 태만죄에 해당된다는 말이 있다. 곧 가르치되 엄격하지 않으면 게으른 스승이라는 것이다. 이 경우 독재군주라는 위치에 있으면서 독재군주답지 못한 것은 군주의 태만이라고밖에 할 수 없다. 형제에 대해서조차 독재를 행할 수 없다면 어떻게 만민에 대한 독재군주가 될 수 있겠는가?

그렇다고는 해도 옹정제가 팔아거한테 가한 박해는 너무 도가 지나친 것으로 간주되었다. 옹정제가 엄격한 데 반해 팔아거는 일찍부터 관대하고 인자한 대인이라는 평판이 높았다. 세상 사람들의 동정이 저절로 팔아거한테 쏠리게 되는 것도 무리는 아니었다.

갖가지 풍문이 바람처럼 퍼져 나가고 있던 중

"10월, 난이 일어나 팔불(八佛)이 죄수가 되다. ……옹정제가 가해자고 팔아거는 피해자다. 군민은 새 임금을 원망한다. ……군민이 함께 궐기하자"

라는 말이 나돌았다. 10월이란 옹정제가 태어난 달이고 팔불이란 말할 것도 없이 팔아거를 가리키는데 그는 성격이 온후하여 자주 부처라는 별명으로 불리고 있었던 것이다. 이를 전해들은 옹정제는 내심 불안감을 느끼지 않을 수 없었을 테지만 겉으로는 냉정하게 말하였다.

"실로 이처럼 흉포하고 교활하며 음험하기 짝이 없는 부처란 들어본 적이 없다. 진짜 부처인지 아닌지 어디 여론에 물어보라."

여론이라 해도 문무대신 백관 등이 조정에 모여 논의를 하는 것에 지나지 않는다. 백관들은 옹정제의 지시에 따라 특별재판회의를 구성하여 아키나의 행동을 심의하였고, 그 결과 40항에 달하는 죄상을 열거하여 그를 탄핵하였다. 옹정제는 여기서 최후의 판결을 내렸다.

"아키나가 온갖 악행을 저지른 것은 짐을 화나게 하기 위함이다. 만일 짐이 그에게 형벌을 내린다면 천하의 어리석은 자들이 이를 구실로 짐에게 악명을 씌우려고 들 것이다. 이것이 아키나의 진짜 속셈이다. 그런 수에는 속아 넘어가지 않을 것이다."

이렇게 해서 팔아거는 종전과 같이 독방에서 감금생활을 계속하게 되었다.

옹정제와는 사이가 나빴고 팔아거와 가장 친하였던 구아거 역시 팔아거와 같은 식의 박해를 받아야만 하였다. 강희제가 임종할 때, 구아거의 생모인 의비(宜妃)가 강희제의 베갯머리에 달려가려고 하다가 옹정제의 생모 덕비(德妃)와 격렬한 싸움을 벌인 적이 있었다. 옹정제는 즉위 후 동복동생인 십사아거를 수도로 불러들임과 동시에 구아거를 쓰촨(四川) 성의 시닝(西寧)

으로 파견하였다. 물론 이것은 대장군이라는 당당한 자격이 아니라 옹정제와 긴밀한 관계에 있는 총독 녠겅야오(年羹堯)의 휘하에서 감시를 받도록 하기 위해서였다. 또한 무엇보다도 팔아거와의 연락을 두절시키려는 것이 가장 중요한 목적이었다.

구아거는 녠겅야오의 감시하에서 거의 죄수와 다름없는 취급을 당하였다. 그의 일거수 일투족은 밀정을 통해 옹정제에게 보고되었다. 황제가 추쭝(楚宗)이라는 사자(使者)를 보내 시찰을 하러 왔을 때였다. 구아거는 이렇게 말하였다.

"나는 이 세상에 아무런 희망도 야심도 없다. 출가해서 세상을 멀리하고 싶은 마음뿐이다. 어떻게 좀 자유롭게 해줄 수는 없는가?"

사자로부터 보고를 받은 옹정제는 그의 말꼬리를 잡고 힐문하기를 그치지 않았다.

"출가하면 형제지간이 아니다. 세상을 버리면 군신도 아니다. 형제도 군신도 아닌 신분이 되고 싶다는 말인가?"

또 구아거가 사람의 눈을 피해 베이징의 십아거한테 써 보낸 편지가 도중에 압수당하였다. 편지에는

"기회를 잃어서 이렇게 되고 말았다. 후회해도 때는 이미 늦었다"

라는 구절이 있었다. 그 의미는 어떤 식으로든 해석이 가능하다. 옹정제는 물론 여기에 무슨 음모가 있다고 해석하였다. 이 편지가 발각된 뒤부터 구아거는 베이징의 가족과 암호를 써서 서신 왕래를 하였다. 구아거는 그리스도교에 흥미를 갖고 있었

으며 서양인 선교사와도 교제하고 있었다. 특히 포르투갈인 선교사 모라오(중국명은 穆敬遠)는 구아거가 시닝(西寧)에 파견되자 그와 동행할 정도였다. 그러나 모라오는 낮에는 사람들의 눈을 꺼려 밤중에 창문으로 출입하곤 하였다. 어쩌면 구아거는 모라오를 통해서 몰래 세례를 받았는지도 모른다. 그런 연유로 구아거와 그의 아들이 로마자를 알고 있다고 해도 이상한 일은 아니다. 그들은 이후 로마자로 편지를 써서 베이징과 시닝 사이에 연락을 취하고 있었던 것이다.

구아거의 아들이 베이징에서 시닝으로 보낸 비밀편지는 조심에 조심을 거듭해서 옷깃속에 봉해 두었지만 성문을 지키는 관리의 검문에 의해 발각되고 말았다. 서양인 선교사를 불러서 편지를 보였지만 이런 글자는 모르겠다고 하였다.

"짐은 별달리 구아거의 가족의 서신왕래를 금한 일이 없다. 그런데도 암호로 편지를 써서 옷 속에 꿰매어 보내다니 이것은 적국의 첩자들이나 하는 짓이다. 뭔가 일을 꾸미고 있음에 틀림없다. 샅샅이 조사하라. 구아거한테 딸린 환관이 큰돈을 모아두고 있다는데 그 출처도 철저히 밝혀 내도록 하라."

옹정제의 명령에 따라 내무부에서는 구아거의 황족 신분을 박탈하기로 결정하였다. 황족이 아닌 이상 개명을 하지 않으면 안된다. 어떤 이름을 붙이고 싶은지 물으러 갔는데 구아거의 원안이 옹정제의 마음에 들지 않았다.

"돼지라고 하라."

구아거는 돼지로 명명되었다. 구아거는 통통하게 살이 쪘던 것이다. 만주어로 돼지는 '사스헤'라고 한다. 이후 구아거의 호적상의 이름은 '사스헤'가 되었다. 형인 아키나가 특별 최고심판회의에 회부되었을 때 사스헤도 함께 심판을 받았다. 아키나의 죄상이 40항이었고, 사스헤도 28항의 죄상이 열거되어 탄핵당하였다. 사스헤가 처음 시닝의 변방으로 파견되어 가는 길에 "멀면 멀수록 내게는 유리하다"라고 말한 것이 옹정제의 귀에 들어갔기 때문에 반대로 수도에서 가까운 바오딩(保定) 부(府)로 연행되어 독방에 감금되었다. 옹정 4년 8월 말 가을바람이 일기 시작할 무렵 사스헤는 설사병을 앓다가 죽었다. 위독하다는 소식을 들은 옹정제는 그래도 의사를 보내 치료받게 하는 여유를 보였다. 그러나 의사가 도착하였을 때 사스헤는 이미 이 세상 사람이 아니었다.

"그의 죄악은 하늘에까지 이르렀음에 틀림없다. 조상이 짐을 대신해서 천벌을 내린 것이다."

옹정제는 이렇게 중얼거렸다. 이어서 아키나도 9월에 접어들어 병사하고 만다. 구아거와 팔아거가 연이어 옥중에 죽은 것에 대해서는 의혹이 일지 않을 수 없었다. 담당 관리가 적당히 처치해 버린 게 아닌가 하는 것이 항간의 평판이었다.

옹정제의 친동생인 십사아거도 결국 황제의 박해를 피할 수 없었다. 같은 어머니에게서 태어났지만 열 살이나 차이가 나는 형제는 처음부터 사이가 안 좋았다. 옹정제는 즉위하자마자 곧 십사아거를 수도로 소환하였다.

대장군인 십사아거는 칭하이 평정이라는 큰 공이 있었기 때문에 수도로 돌아올 때 성대한 개선행사가 거행될 것으로 기대하고 있었다. 베이징 근처에 이르러 사자를 파견하여 정부에 개선행사 절차를 문의하였다. 옹정제는 분개하였다.

"천자에게 한마디 인사도 없이 제멋대로 개선행사라니 무슨 말인가? 아직 상중이라는 것을 잊었는가?"

독재군주 앞에서는 친형제도 없었다. 궁중에서 처음 알현할 때 십사아거는 형제간의 가정적인 의례로 만날 작정이었다. 그러나 뜻밖에도 옹정제는 신하의 예를 받을 준비를 하고 있었다. 십사아거가 배복하지 않는 것을 보고 황제의 시종이 달려와 우격다짐으로 얼굴을 땅에 처박게 하였다.

"이것이 개선장군을 맞는 예식인가?"

십사아거는 얼굴을 붉히며 흥분하였다.

"그것이 천자를 알현하는 예의인가?"

옹정제가 되받아쳤다. 그는 이런 동생을 수도에 두어서는 안 되겠다고 판단하자 강희제를 매장한 산릉을 수호하라는 명령을 내려 모양새 좋게 베이징에서 멀리 떨어져 있도록 하였다. 뒷날 십사아거를 등에 업고 모반을 일으키려는 야심가가 나타나자 십사아거는 같은 장소에 감금되었다. 그는 건륭제가 즉위하고 나서야 겨우 풀려났다.

옹정제가 자기 형제들에게 박해를 가한 것은 특별히 즐겨서 한 일은 아닐 것이다. 때로 가학적으로까지 보이는 황제의 집요함은 독재군주제의 틀 안에서 군주의 의무를 수행하기 위해서 어쩔 수 없었던 것으로 보인다. 그렇다고는 해도 옹정제에게 놀라지 않을 수 없는 것은 그의 강인한 정신이다. 자신에게 복종할 가망이 없는 형제에 대해 벌였던 신경전에서 팔아거와 구아거는 도저히 옹정제의 적수가 될 수 없었다. 더러 당황해서 더러 흥분해서 스스로 마음의 평정을 잃고서, 끝까지 냉정한 옹정제 앞에서 한 걸음 한 걸음 사지로 내몰렸던 것이다. 구중궁궐에서 성장한 황족의 신분으로서는 보기 드문 성격이라고 하지 않을 수 없다. 아마도 45년간의 더부살이 생활과 수십 명의 형제들이 황위계승을 둘러싸고 벌이는 비정한 암투 속에서 이처럼 특수한 성격으로 단련되었을 것이다.

다행히 승리는 거두었지만 이제 이런 고생은 끝내야 한다고 옹정제는 생각하였다. 이런 일을 두번 다시 자식들에게 되풀이시키고 싶지는 않았을 것이다. 그래서 고안해 낸 것이 태자 밀건법(密建法)이라고 불리는 방식이었다.

옹정 원년 8월, 황제는 모든 황자와 대신들을 불러 모아 선언하였다.

"예로부터 황태자 중에는 불초한 자가 많았다. 이는 황태자의 자리에 오르면 그만 마음을 놓게 되어 공부할 마음도 수양할 의지도 없어져 버리기 때문이다. 또한 야심 많은 관료들이 이 사람이 장래의 천자구나라는 생각에 마치 유망주를 사들이는 속셈으로 다투어 추종하게 된다. 그 결과 황태자는 정신이 해이해지고 사치에 흘러 나쁜 길로 빠진다. 위대한 천자가 황태자의 방종 때문에 고민하였던 예는 역사상 수없이 많았다. 돌아가신 선제께서도 폐태자로 인하여 속을 태우셨다. 아무래도 황태자라는 제도는 바람직하지 못한 것 같다. 그러나 천자도 언젠가는 죽는 법, 따라서 반드시 후계자를 정해 둘 필요가 있다. 그래서 짐은 좋은 방법을 생각해 내었다. 짐은 지금 마음속에 확실히 후계자를 결정해 두고 있다. 하지만 이것은 누구에게도 발표하지 않을 것이다. 다만 그 이름을 종이에 써서 이 작은 상자 속에 넣어 둘 것이다. 이 상자는 건청궁(乾淸宮)의 옥좌 위에 높이 걸린 '정대광명'(正大光明)이라는 액자 뒤에 놓아두겠다. 짐이 마음속으로 결정해 두었던 후계자일지라도 앞으로의 행동거지를 봐서 공부를 게을리 하거나 나쁜 길에 빠지는 일이 있으면 즉시 그 이름을 바꿔 버릴 것이다. 짐에게 만일의 사태가 발생하여 후계자를 말로 지목할 겨를이 없이 죽었을 때게는 여러 황자와 대신들이 함께 모여 이 상자를 열어 보라. 거기에 이름이 적혀 있는 자가 곧 황위 계승자이다."

옹정제가 생각해 낸 새로운 방법은 정말 교묘한 것이었다. 이 방법은 그 뒤 청조 내내 지켜졌고 그 덕분에 어리석은 천자가 나타나지 않았다고 한다. 여러 황자들은 천자가 되고 싶으면 오로지 수양에 힘쓰면서 아버지인 황제의 마음에 들려고 노력하지 않으면 안된다. 이것은 다른 한편으로 독재정치의 양식이 가정 내부에까지 도입된 것을 의미한다. 황자들은 가정에서도 아버지에 대해 신하가 되지 않으면 안된다. 일개 신하로서 후계자가 되기 위하여 끊임없는 시험을 치러야만 하였던 것이다. 진정한 독재군주란 가정생활을 가질 수 없다. 곧 이르는 곳 어디에나 군신관계만이 존재할 뿐, 부모자식간의 가정생활을 영위하는 것조차 불가능하였다. 그후 청조에는 황태자가 존재한 일이 없었는데, 단 한 번의 예외는 옹정제의 아들 건륭제가 중국적인 군주가 되고 싶었던 나머지, 즉위한 지 60년째 되던 해, 아들인 가경제(嘉慶帝)에게 제위를 물려주고 자신은 은거해서 태상황(太上皇)이 되었던 경우이다.

여기서 우리가 옹정제가 형제들에게 박해를 가하였던 일만 흥미 위주로 나열하고 다른 형제에게 보였던 우애 있는 행동을 빼놓는다면 공평한 태도라고 할 수 없을 것이다. 팔아거와 구아거의 비극에 대해서는 옹정제와 함께, 또는 옹정제 이상으로 그들 자신도 책임을 지지 않으면 안된다. 그들은 만주 시절의 소박한 가족제도에 집착한 나머지 부자와 형제는 일체가 되어 기쁨과 슬픔을 함께 나누는 것이며, 군신과 같이 형식을 중시하는 이국풍의 거북한 관계는 만주의 국수적 전통에 어긋난다고 생각하고 있었다. 이런 사고방식은 철저한 중국식 독재군주가 되어 중국인을 잘 통치함으로써 비로소 만주인도 안정과 평화를 누릴 수 있다고 보았던 옹정제의 신념과는 당연히 서로 배치되었다. 그러나 만일 형제 중에서 황제의 뜻에 공감하여 스스로 모범을 보이고 옹정제가 독재군주로 자리잡을 수 있도록 노력하는 호의를 보이는 자가 있다면 옹정제 쪽에서도 감사하지 않을 리 없다. 십삼아거인 이친왕(怡親王)이야말로 바로 그러한 인물이었다.

십삼아거 이친왕은 옹정제보다 여덟 살 아래였다. 옹정제는 동복동생인 십사아거와는 마음이 맞지 않았고 오히려 십삼아거를 가장 충실한 심복 신하로 삼게 된다. 많은 형제들 중에서 발탁되었던 만큼 이친왕은 성실함과 정직 그 자체였으며, 충성을 다해 옹정제를 받들었다. 그는 아홉 개의 직무를 겸임하며 충직하고 부지런히 일하였는데 특히 재무부에 해당하는 호부(戶部)의 기강 숙정에 가장 힘을 쏟았다. 언젠가 옹정제는 신하들에게 이렇게 자랑한 적이 있다.

"이친왕이 총재가 된 이래 지금까지 복마전으로 불리던 호부도 완전히 면목을 일신하였다. 여기에는 이제 뇌물에 유혹당할 만한 관리는 하나도 남지 않았다. 만약 거짓이라고 생각되면 누구라도 좋으니 한 번 시험해 보라."

"짐은 너희들을 신임하였기 때문에 대신으로 임용한 것이지만 만일 이친왕과 비교한다면 태산 앞의 바윗돌 정도에 불과하다. 백명 천명을 다발로 묶는다 해도 이친왕 한 사람에 대한 짐의 신뢰와는 견줄 수 없다.

그런데 이친왕이 옹정 8년에 세상을 떠났다. 황제는 낙담한 나머지 음식이 목구멍으로 넘어가지 않고 밤에는 잠도 못 이룰 지경이었다.

"이친왕은 진실로 8년을 하루같이 충실히 짐을 섬겨 왔다.

역사를 보아도 이처럼 현명한 친왕은 찾을 수 없다. 전에 이 친왕은 짐의 이름자를 피해 이름의 한 글자를 允자로 바꾸었는데 이제 원래대로 胤자로 바로잡도록 하라."

황제는 의전담당관에게 이렇게 명하고 제문에도 인상(胤祥)이라는 글자를 쓰게 하였다. 이것은 신하에서 승격하여 다시 육친인 형제로 돌아온 것을 의미한다. 독재군주라고 해도 역시 좋은 형제를 갖고 싶었던 것이다. 다만 이것은 이친왕처럼 8년 세월을 하루같이 불평 한마디 하지 않고 불만을 내비치는 일도 없이 신하 이상으로 애를 쓴 형제인 경우에만 해당되는 이야기이다. 완전히 신하가 된 형제여야 비로소 독재군주로부터 형제 대우를 받을 수 있는 것이다. 곧 형제는 태어나면서 되는 것이 아니라 천자가 부여한 지위이다. 이것이 독재정치하의 가정생활에서 나타나는 독특한 성격인 것이다.

3장

그리스도에 대한 맹세

그리스도에 대한 맹세

독재가 철저하게 시행되면 군주는 가정생활뿐만 아니라 친척관계도 가질 수 없다. 만주에서 흥기한 청조는 중국에 들어와서 정치형태 면에서는 차츰 중국화되었지만 청조 사회에는 아직 만주색이 농후하게 남아 있었다. 가문의 격식을 존중하는 풍습도 그 중 하나로, 만주 귀족 중에는 현재의 황실보다도 정통이라고 자부하는 자존심 강한 일가가 있었다. 수누(蘇努) 일족이 바로 그들이었다.

수누의 혈통은 청 태조(太祖) 누르하치(努爾哈赤)의 맏아들인 추영(褚英)으로부터 시작된다. 추영은 용감한 장군으로 아버지를 도와 여러 차례 전공을 세우면서 당연히 태조의 지위를 이어받을 위치에 있었다. 그런데 나이가 그다지 차이가 나지 않던 부자는 중간에 사이가 극도로 나빠지고 말았다. 그 원인은 태조의 후처에게 있었던 듯하다. 태조가 점차 세력을 신장하여 만주 전역에 힘을 뻗치게 되면서 원래 적국이었던 에호부에서 아내를 맞아 황후로 삼았다. 에호부는 순수한 만주족이 아니라 몽골인의 피가 많이 섞여 있었다. 그러나 만주에서는 에호부가 최고 가는 명족(名族)이었고 벼락 출세를 한 태조의 가계 정도는 그 발 밑에도 미치지 못하였다. 태조가 에호부 출신을 황후로 맞아 거기서 얻은 팔황자를 총애하였던 것은 단순히 젊은 아내의 색향에 취한 탓만은 아니었다. 추옝이 태어날 당시 만주의 일개 부족장에 지나지 않았던 태조는 만주 전체에 위세를 떨치며 넓은 시야에서 여러 종족을 호령해야 하는 위치가 되면서 그 입장이 완전히 바뀐 것이다. 태조는 정책적인 면에서 에호부의 명성을 이용할 필요가 있었지만 추옝에게는 그것이 이해되지 않았다. 옛날 순수한 만주계 친척을 버리고 오로지 새로운 친족의 비위 맞추기에 급급하다고밖에 생각되지 않았던 것이다.

추옝의 구(舊)만주주의와 아버지 태조의 대(大)만주주의는 결국 정면충돌을 피할 수 없게 되었다. 태조는 추옝을 붙잡아 구금하였으며 결국 그는 감옥에서 세상을 떠났다. 추옝의 자손은 추옝→에르가투(杜度)→투멘(杜努文)→수누(蘇努)로 이어져 오게 된다.

추옝이 죽음으로써 대만주주의는 개가를 올렸다. 태조가 죽자 에호부 출신 황후에게서 태어난 팔황자가 어머니 쪽의 고귀한 혈통을 인정받아 추대되어 황제 자리에 올랐다. 그가 태종 홍타이지(皇太極)이다. 그 뒤 순치제, 강희제를 이어서 옹정제에 이르게 되는데, 황후는 그후로도 대대로 에호부 출신이 다수를 차지한다. 태조 계보의 직계는 오히려 시골뜨기 취급을 받으며 세상에서 그다지 중요하게 쳐주지 않았다.

태조 계보의 직계를 세상이 알아주지 않을수록 더욱더 도도하게 굴며 가계를 자랑하고 청조의 정통은 우리에게 있다며 현재의 황실을 깔보려는 세력이 수누 일족이었다. 그렇다고 해서 이들이 정치권력과 전혀 관계를 맺지 않고 초연하게 있었던 것은 아니다. 정권에서 멀어지면 자연히 사회로부터도 매장되어버리는 것이 필연적인 운명이다. 수누는 가능한 모든 기회를 이용해서 정권과 접촉하였다. 강희시대, 여러 아거들의 암투가 벌어질 때 수누는 팔아거의 참모가 되어 움직였다. 옹정제가 천자의 지위를 계승하면서 팔아거와 연좌되어 처벌받는 것이 마땅한 일이었다. 그럼에도 수누 일족은 어디까지나 적계의 가통을 긍지로 삼아 자존심을 버리지 않았다. 게다가 수누의 자손들이 모두 열렬한 그리스도 교도였기 때문에 일족에 대한 박해는 더욱 가혹해질 수밖에 없었다.

수누는 옹정 원년, 일흔여섯의 노인이었고 청조 황족 중에서 최연장자였다. 그에게는 열세 명의 아들이 있었는데 두 명이 일찍 죽고 다른 아들은 모두 장성해서 당시에는 한창 때의 청년들이었고 딸은 열여섯 명으로 대부분 출가해서 자녀를 두고 있었다. 이 가문이 그리스도교 신앙의 길로 들어서게 된 것은 10여 년 전 셋째아들 수르기엔(蘇爾金)의 정신적인 번뇌에서 비롯되었다.

수르기엔은 인생문제에 대하여 심각한 의문을 품고 있을 무렵, 때마침 그리스도교에 대한 이야기를 듣고 흥미가 끌려 하인을 시켜 그리스도교 관련 서적을 구해 오게 하였지만 아무 데서도 찾을 수가 없었다. 사람들에게 물어 시가지 서쪽에 있는 성당을 찾아가자 선교사가 한문으로 된 입문서를 한 권 주었다. 수르기엔은 이 책을 읽고 마음이 흔들리게 되면서 형제와 친척들을 상대로 토론도 해보았지만 여전히 이해되지 않는 부분이 있었다. 그는 직접 성당에 가서 신부들을 만나 의문을 풀었다. 아버지 수누의 만류에도 불구하고 형제들은 세례만 받지 않았을 뿐 독실한 신자가 되어가고 있었다. 열째아들 슈르첸(書爾陳)은 십사아거의 준가르 정벌 때 한 부대의 대장으로 출정하게 되었는데, 이것을 계기로 출정 직전에 세례를 받고 바울로라는 세례명을 얻었다. 그의 아내도 함께 입교하였는데 세례명은 마리아였다. 셋째아들 수르기엔은 2년 정도 늦게 세례를 받았으며 세례명은 요한이었다.

바야흐로 강희제가 붕어하고 옹정제가 즉위할 즈음이었다. 구아거가 시닝에 파견될 때 수누의 여섯째아들 레시힌(勒什亨)과 열두째아들 우르첸(烏爾陳)은 구아거를 수행하라는 명령을 받았는데 역시 이를 기회로 세례를 받아 각각 루이와 요셉이라는 세례명을 얻었다. 팔아거와 구아거에 대한 옹정제의 박해가 노골화되면서 수누 일족에게도 자연히 불똥이 튀게 되었다. 옹정 2년, 수누는 일가를 모두 이끌고 만리장성의 내장성(內長城)을 넘어 유웨이(右衛)로 귀양 가라는 명령을 받았다.

수누 노인은 매일 궁궐 문에 나가서 천자에게 자비를 청하였으나 받아들여지지 않았다. 결국 귀양갈 날이 닥쳐와 싫어도 출발할 수밖에 없었다. 한 가족의 이동이라고 하지만 식구가 모두 60명 남짓, 거기다 노비가 300명인 대부대였다. 노인을 부축하고 어린 것을 돌보면서 수누 일족은 황량한 벌판 한가운데로 길을 나섰다.

유웨이는 외장성(外長城)에 접해 있으며 장자커우(張家口)에서 그리 멀지 않은 인구 5만 정도의 마을로, 4만의 주둔병이 배치된 전선 식민지였다. 이 정도의 대가족이 살 만한 집을 찾는 것은 보통 일이 아니었다. 수누를 필두로 해서 남자들은 모두 이곳의 군대에서 한낱 병졸로 근무해야 하였다. 그래도 황족인 만큼 부대장을 맡고 있던 장군은 비교적 호의를 보이며 우대해 주었다. 그러나 장군이 어느날 베이징으로 가서 옹정제를 알현하고 장시간에 걸쳐 밀담을 나누고 돌아온 뒤부터는 태도가 확 바뀌었다. 수누 일가는 유웨이에서도 3킬로미터나 더 떨어진, 사막 한가운데 있는 신부쯔(新堡子)라는 벽촌으로 옮겨 가라는 명령을 받았다. 유웨이에서 겨우 집을 구해서 넉넉하지 않은 저축으로 1년 분의 집세를 선불로 지불하고 부서진 지붕을 막 수리하였을 즈음의 일이었다.

신부쯔에서의 생활은 유웨이에서보다도 더 비참하였다. 눈비를 피할 시설도 충분하지 않았고 땔감도 구할 길이 없어 노인인 수누는 11월이 되자 추위를 견디지 못하고 병사하였다. 수누는 완고하고 순수 만주족임을 긍지로 여기는 옛 전사 기질의 소유자였기 때문에 자녀들이 외래 종교인 그리스도교를 신봉하는 것을 탐탁해하지 않았다. 때로는 그들의 신앙에 간섭하면서 적어도 세간에 알려지지 않도록 조심해서 행동하라고 요구하였다. 자손들의 진심에 동정이 갔다 하더라도 대외적으로 모든 책임을 져야 하는 가장인 수누로서는 아마 어쩔 수 없는 조치였을지도 모른다.

수누가 죽자 자손들은 누구에게도 거리끼는 바 없이 자신의 신앙을 이야기할 수 있게 되었다. 가족 내의 여자들과 대부분의 노비들도 베이징 출발 전부터 독실한 신앙생활을 하고 있었다. 이제 신부쯔에 있는 이들의 집안에는 예배당이 설치되었다. 그리스도교의 축일에는 가족 전원이 여기에 모여 경건한 기도를 올렸다.

수누 일족 외에도 유웨이의 군인 가운데는 그리스도교를 믿는 가족 몇몇이 있었다. 퇴역군인이며 세례명을 마르코라고 하는 사람이 유웨이에서 신부쯔를 왕래하면서 수누 일족과 연락을 취하였고, 더불어 베이징에 있는 서양 선교사들에게까지 소식을 전하였다. 유배지에서 고생하는 수누 일족의 소식이 알려지자 베이징의 신자들은 그들을 위로하고 신앙생활을 격려하기 위하여 신부쯔 방문을 계획하였다. 그러나 국사범으로 유배된 이들을 위문 방문한 사실이 천자의 밀정에게 들키면 사태를 더욱 악화시킬 염려가 있었기 때문에 방문계획은 극비리에 이루어져야만 하였다.

수누의 옛 저택 근처에 세례명을 토마스라고 하는 중국인 의사가 살고 있었다. 현격한 신분 차이에도 불구하고 수누의 공자들과 같은 신앙인으로서 격의없이 친하게 지내던 사람이었다.
그는 수누의 빈집을 지키는 관리인으로부터 은 500냥과 낙타
한 마리 분의 위문품을 위탁받아 험난한 모험길에 나섰다. 만리
장성 관문의 검색도 순조롭게 통과하고 유웨이 근처까지 다다
랐는데, 혹여 아는 사람의 눈에 띌세라 일부러 길을 들어 신부
쯔로 향하다가 그만 길을 잃어버리고 말았다. 음력 3월의 날씨
는 아직 매서웠고 공교롭게도 날씨가 급변하여 목화 송이 만한
큼직한 눈이 하늘을 덮으며 내려왔다. 게다가 살을 에는 차가운
북풍이 몰아쳤다. 눈보라 때문에 말의 머리조차 보이지 않았고
고삐를 쥔 손은 얼어붙을 지경이었다.

아무 것도 보이지 않는 막막한 사막의 눈보라 속에서 정처
없이 말을 끌고 가는 사이에 해는 저물어 사방이 깜깜해졌다.
오늘밤 안에 목적지에 도착하지 못하면 틀림없이 얼어죽고 말
거라는 생각이 들었다. 그러나 되돌아갈 방향도 몰랐기 때문에
그저 말의 감각에 의지해서 나아갈 수밖에 없었다. 그러던 중
갑자기 말이 꼿꼿하게 멈춰 서는 바람에 토마스는 위태롭게 굴
러 떨어질 뻔하였다. 무언가 시커먼 담장 같은 것이 가로막고
서 있었던 것이다. 그때 옆문이 열리며 검은 사람 그림자가
나타났다.

"누구시오?"
라는 음성은 어디선가 들어 본 듯한 귀에 익은 것이었다.

"접니다."
함부로 이름을 댈 수가 없어 일부러 낮은 소리로 대답했다.

"뭐하는 자냐?"

"접니다. 집 안으로 들어가게 해주십시오."

검은 그림자는 조용히 말고삐를 문안으로 잡아 끌었다. 도움을 받아 말에서 내린 토마스는 허리 아래에 감각이 없었다. 출입구에서 비치는 불빛으로 토마스의 얼굴을 알아본 이 집의 남자는 환희의 탄성을 지르며 그를 얼싸안았다.

"오―오 토마스, 어디서 왔는가?"

그 남자는 둘째아들인 요한 루르첸(祿爾金)이었다. 소식을 전해들은 형제들이 순식간에 모여들었다. 하늘에서 내려온 천사의 위문이라고 모두들 신명이 나서 떠들었다. 눈보라 덕택으로 누구에게도 의심받지 않고 무사히 도착할 수 있었던 것은 뜻밖의 행운이었고, 이는 하느님의 인도임에 분명하다고 감사해하였다. 이틀간 밤을 새워 가며 토마스는 그들로부터 아버지 수누의 임종 모습과 어머니가 자식들의 열의에 감동받아 세례를 받고 나서 신의 은총을 입고서 남편의 뒤를 따랐다는 이야기 등을 들었다. 너무 오래 머무르면 들킬 위험이 있었으므로 이틀 뒤 토마스는 귀로에 올랐다. 수누 일족은 빈곤의 밑바닥에 처해 있으면서도 얼마간의 은을 마련하여 전별금으로 주려 하였으나 토마스는 극구 사양하고는 굳은 악수를 나누고 헤어졌다.

수누의 여섯째아들 루이 레시힌과 열두째아들 요셉 우르첸은 황제의 동생인 구아거를 따라 시닝으로 갔다가 부친상을 당하여 신부쯔에 와 있었다. 장례가 끝났을 무렵 조정에서는 구아거에 대한 재판이 열렸다. 구아거와 공동 모의를 하였다는 죄목으로 두 형제 모두 베이징으로 소환되어 재판에 회부되었다.

두 사람은 아홉 개의 사슬에 묶여 덜컹거리는 수레에 실려 베이징으로 압송되었다. 재판은 전례 없이 엄하였다. 둘은 무기 징역형을 선고받았다. 감옥은 높은 담으로 바깥과 격리되어 있었고 5척 정도 공간을 두고 독방의 입구가 있었다. 독방은 너비가 6척, 길이가 10척이었는데 죄인은 목과 한쪽 팔이 무거운 쇠사슬에 묶인 채 감방 안을 걸어다니는 것만이 허용되었다. 높은 담에는 음식물을 넣어주는 구멍이 뚫려 있었다.

루이와 요셉 이외에도 수누의 모든 남자 자손은 동시에 재판에 회부되었다. 그들은 사슬에 묶여 유웨이의 성으로 연행되었고 장군의 판결이 내려진 후 천자의 재가를 얻어 처벌이 이루어졌다. 수누의 둘째아들 요한 루르첸 이하 넷째·아홉째·열째·열셋째 아들과 장손까지 모두 여섯 명이 각각 다른 지방으로 유배되어 감금되었다. 그 밖의 사람들은 방면되어 다시 신부쯔로 돌아왔다.

그런데 이 무렵부터 그리스도교에 대한 조정의 단속이 점점 심해져 갔다. 그리스도교는 이미 100여 년 전 명나라 때 예수회의 서양 선교사가 들어온 이래 조금씩 신자가 늘어났으며 강희 31년에 처음으로 신앙과 포교할 수 있는 자유를 공식적으로 허가받았다. 그후 로마 교황청이 중국의 전통풍속에 대하여 몰이해한 태도를 보였다는 것 때문에 청조는 이에 대한 보복조치로 중국에 오는 선교사는 모두 정부의 면허장을 받아야 한다는 제한 조치를 가하였다. 거기다 강희제 말년에는 서양 선교사가 각 성 (省)에서 포교활동을 하지 못하도록 금지하는 명령이 공포되었다. 하지만 이 명령은 그렇게 엄하게 시행되지는 않아서 각지의 성당은 거의 종전과 같이 건재하였고 선교사들도 행동의 자유를 속박당하는 일은 없었다.

옹정제가 즉위하자 상황은 완전히 뒤바뀌었다. 다른 부문과 마찬가지로 종교에 대해서도 방임정책에서 간섭정책으로 전환하였다. 그로 인하여 모든 외래종교는 일단 숨어서 활동할 수밖에 없는 압박과 박해의 시대를 맞게 되었다. 서양사회에서 발달한 그리스도교가 교의 면에서나 실제 면에서 전통적인 중국 사상이나 생활습관과는 상당히 이질적인 성격을 띠고 있었음은 당연한 일이다. 황제가 중국적 이념에 입각하여 중국식 독재정치를 펴려고 할 때였으므로 그리스도교는 영락없이 방해물로 간주될 수밖에 없는 운명이었다. 특히 그리스도교가 여성의 인격을 인정하고 한 사람의 신도로 받아들여 성당에 자유롭게 출입하도록 하는 것은 중국의 전통사상과 부딪칠 수밖에 없는 점이었다. 이것은 비단 그리스도교에 국한된 것이 아니라 불교에 대해서도 같은 식의 비난이 계속 있어 왔고 여성들이 절에 불공드리려 가는 일이 종종 법률로 금지될 정도였다. 여성이 남성과 함께 기도를 올리고 설교를 듣는 일은 중국 성인(聖人)이 말씀하신 남녀유별의 가르침을 어지럽히는 것과 다름없었다. 또 교도들이 서로 도와 주는 것은 결사를 조직하는 것을 의미하며 이것이 한층 고양되면 중국 사회에 옛날부터 있어 왔고 종종 반란의 중핵이 되어 온 사교(邪敎) 비밀결사와 같은 것으로 발전할 가능성이 있었다. 백성이 마음대로 결사를 조직하고 종교의 가르침을 국가의 법률보다 중시하며 교주를 천자보다 높이 받들면서 종교를 위해서는 목숨을 버려도 괜찮다고 하는 지경에 이르면 이것은 군주의 대권을 침범하는 것으로 독재체제와는 양립할 수 없다.

이미 옹정 원년, 푸젠(福建) 성에서 일어난 관헌의 그리스도교도 박해를 계기로 옹정제는 새로운 칙령을 내려 전국의 서양 선교사는 베이징에 와서 조정에 봉사하거나 그렇지 않으면 포르투갈령 마카오로 물러가라고 포고하였다. 서양 선교사의 전교사업은 이로 인하여 치명적인 타격을 입게 되었다.

또한 이 칙령에서는 종래 잘못 생각하여 그리스도교에 입교한 자는 그 과오를 바로잡도록 하였고 특히 지식층의 독서인인 경우는 솔선해서 여기에 협력하라고 명령하고 있다. 게다가 이듬해인 옹정 2년에 발포된 청조의 '국민교육헌장' 격인 「성훈광유」(聖訓廣諭)—이것은 강희제가 내린 성유(聖諭) 16조에 대하여 백성이 준수할 사항을 부연 설명한 것이다—에서는 그리스도교를 이단으로 규정하고 여기에 현혹되어 백성의 본분을 그르쳐서는 안된다고 훈계하였다. 하지만 옹정제는 그리스도교가 그렇게까지 유달리 위험한 사교라고는 보지 않았기 때문에 만일 신자가 겉치레라도 신앙을 포기한다고 밝히면 더 이상 문제삼지 않으려 하였다. 그런데 곤란하게도 그리스도 교도들은 거짓말을 해서는 안된다는 믿음을 갖고 있었다. 특히 압박이나 박해 때문에 신앙을 포기한다고 마음에도 없는 말을 하는 것은 가장 수치스러운 비겁한 행위라고 여기고 있었다. 이 때문에 각지에서는 음산한 순교사건이 연이어 일어났는데 수누 일족의 경우도 마찬가지였다.

이미 한 번 강희제의 칙령으로 신앙의 자유를 인정한 뒤였기 때문에 정부 쪽에서도 무지한 일반대중은 그냥 묵과하려고 하였다. 하지만 청조의 심복인 만주 군인과 사대부, 독서인 등에 대해서는 특단의 조처를 취하지 않을 수 없었다. 수누 일족이 그리스도 교도라는 것은 이전의 재판에서 이미 밝혀진 사실이었기 때문에 이제 옹정제의 신앙포기칙령이 점점 지방으로 파급되면서 수누 일족은 또다시 새로운 종교재판을 받아야만 하였다.

수누 일족의 열네 살 이상의 남자들은 유웨이에 있는 성(城)으로 불려가 신앙을 포기한다는 선언을 하도록 명령받았는데, 단 한 사람도 응하는 자가 없었다. 유웨이의 장군은 질린 나머지 가장으로서의 책임을 물어 수누의 셋째아들 요한 수르기엔만을 붙잡아 두고 나머지는 일단 신부쯔로 돌려보낼 수밖에 없었다. 열한째아들인 프란치스코 쿠르첸(庫爾陳)은 자원하여 형과 함께 구금되었다.

이 소식을 전해들은 그들의 처자들은 합의해서 가족 내 그리스도 교도의 명부를 만들어 장군에게 제출하기로 결정하였다. 여기에는 노비들도 거의 다 포함되어 있었다. 여섯 명의 부인 대표가 유웨이 관아에 출두하자 관리들은 당황하였다.

"부인들에 대해서는 상부에서 아무런 명령도 없었소. 그러나 정 소원이라면 각자 남편의 운명에 따르는 수밖에 없을 것이오"

라며 책임을 회피하는 수밖에 없었다. 수누의 손자 중에서 여덟 살 이상 되는 남자아이 다섯 명도 역시 관아에 출두하여 스스로 그리스도 교도라고 밝혔다.

"그리스도에 대한 맹세를 다하는 데 있어서 열네 살이 되지 않으면 안된다는 규칙은 없습니다."

유웨이의 장군들은 어떻게 처리해야 할지 몰라 이 사실을 조정에 보고함과 동시에 연장자인 요한과 프란치스코를 베이징에 보내 최고재판회의의 판결에 맡기도록 하였다.

그 동안 베이징에 감금되어 있던 루이 레시힌고 요셉 우르첸 형제도 마찬가지로 신앙 포기선언을 강요당하고 있었다. 두 사람 모두 이를 완강히 거부하였는데, 특히 요셉의 태도는 훌륭하였다. 처음 옹정제의 밀명을 받은 삼아거는 다른 대신들과 함께 감옥에서 요셉을 데리고 나와 위협도 해보고 회유도 하면서 신앙을 포기하라고 권하였으나 요셉은 요지부동이었다.

"나는 천자를 섬기는 것과 마찬가지로 하느님을 섬길 것을 서약하고 그리스도 교도가 되었소. 만일 이 행위가 천자를 노하게 하였다면 만 번 죽어 마땅할 것이나 서약을 깨는 것은 불가능하오."

대신들은 온갖 방법을 다 써보아도 효과가 없자 요셉의 말을 그대로 옹정제에게 전함과 동시에 그에게 더 엄한 형벌을 내리라고 청하였다. 그러나 옹정제는 그들을 타이르며 다시 요셉을 만나 요셉의 그릇된 마음가짐을 고치도록 해보라고 명령하였다. 이번에는 입회한 관리의 수가 상당히 많아서 부근의 절을 임시재판소로 이용하였다. 요셉이 거느렸던 하인들은 풍문을 듣고 결국 주인의 시신을 거둘 때가 온 게 아닌가 당혹해하며 모포를 준비해서 절 문 앞으로 몰려갔다. 그러나 다행히 저녁이 되어서도 요셉은 무사하였고 다시 절 문을 나와 감옥으로 이송되었다. 이 날도 그는 분명하게 신앙을 밝히며 대신들의 권고를 완강히 거부하였던 것이다. 이를 전해들은 옹정제는 수석 대신 마치(馬齊)를 불러 이렇게 이야기하였다.

"그를 즉시 사형에 처하기는 쉬우나 이는 훌륭한 정치라고 할 수 없다. 죄인에게는 스스로 잘못을 깨닫도록 하지 않으면 안된다. 너희들이 서툴게 심문하였기 때문에 그 자에게 우롱당한 꼴이 되었다. 다시 한번 가서 이번에는 이렇게 말하라. 만주인도 중국인도 몽골인도 서양인도 신으로 받드는 것은 모두 같은 하늘이다. 다만 각각의 백성들이 하늘을 받드는 의식이 다를 뿐이다. 짐은 너희가 천제(天帝)를 받드는 것을 금하려는 것이 아니다. 다만 너희가 만주인인 이상 만주의 의식에 따라 숭배하라는 것이다. 선조 이래의 전통을 버리고 서양인의 의식을 따르는 것이야말로 이치에 크게 어긋나는 일이다. 잘못된 의식으로 하늘을 받드는 것은 오히려 하늘을 모욕하는 것이다. 짐이 너희에게 개전을 명하는 것은 바로 이 점이다."

대신들은 황제의 말을 받아 적어 가지고 세번째로 요셉을 심문하러 갔다. 그러나 요셉은 의연히 지난 번과 똑같은 답변을 되풀이할 뿐이었다.

"참 신앙은 단 하나밖에 없소. 나의 신앙은 결코 천자에 대한 봉사와 모순되는 것이 아니오. 왜냐하면 하느님의 가르침은 어디까지나 자기가 모시는 군주에게 충실하라고 명하고 있기 때문이오. 만일 내가 이 신앙을 포기한다면 도리어 천자를 기만하는 결과가 될 것이오. 서양인의 신앙에 따르는 자는 서양인의 자손이라고 말씀하시는데 그렇다면 공자의 도를 배우는 자는 공자의 자손이냐고 반문할 수밖에 없소."

이렇게 되자 대신들도 손을 들었다. 욕설과 저주와 조소와 위협, 온갖 굴욕적인 말을 던지고서 헛되이 물러 나오는 수밖에 없었다. 그러나 이 보고를 들은 옹정제는 역시 노여움을 겉으로 드러내지는 않았다.

"신앙과 정치는 구별해서 취급하지 않으면 안된다. 신앙만으로 사형을 선고하면 반역의 경우에는 선고할 형벌이 없을 것이다. 느긋하게 그가 반성하도록 촉구함이 좋을 것이다."

이렇게 해서 요셉의 감옥생활은 계속되었다. 새로 신부쯔에서 연행되어 온 요한과 프란치스코 등 두 형제도 마찬가지로 감금에 처해졌다. 그들 일족의 재산은 전부 몰수되었다. 베이징에서 지금까지 조금씩이나마 부쳐 오던 돈이 끊기자 여자와 어린 아이들만 남은 신부쯔의 수누 일족은 갑자기 경계적 어려움에 처하였다. 베이징의 서양인 선교사들은 그들의 곤궁을 전해 듣고 가능한 대로 금전과 물품을 모아 비밀리에 신부쯔에 보내주려 하였으나 그것도 여의치 않자 본국에 알려 성금을 모으기도 하였다.

그때까지 요셉과 함께 감옥에 갇혀 요셉의 시중을 들고 있던 마샤오얼(馬小兒)이라는 하인이 있었다. 처음에는 금방 교체해 줄 거라고 하여 요셉을 따라 독방에 들어갔으나 아무도 대신 해 줄 사람이 없어서 실로 2년여 동안 어쩔 수 없이 요셉과 함께 기거해 왔다. 이 부자유스러운 근무가 반영구적임을 깨닫게 되자 마샤오얼은 거의 미쳐 날뛸 정도로 낙담하였다. 이를 달래 준 것이 주인 요셉이었다.

"하느님을 믿지 않는 데서 번민은 생기는 법이다."

요셉은 마샤오얼에게 기도를 가르쳤다. 요셉은 매일 아침 일찍 일어나서 암기하고 있던 성경 구절을 반복해서 소리내어 외웠다. 이것을 듣고 있는 사이에 마샤오얼의 마음은 점차 평온을 되찾게 되었다. 요셉의 모습에는 조금의 흐트러짐도 없었고 늘 쾌활하며 하인에게도 정중히 대하였다. 목과 손에 늘어져 있는 무거운 사슬을 옆에서 받쳐 주려고 해도 옷을 갈아입을 때나 몸을 움직여 운동할 때를 제외하면 언제나 거절하였다.

"나는 죄가 많은 인간이다. 이 죄는 이 세상에서 갚지 않으면 안된다."

이렇게 말하면서 요셉은 한결같이 가톨릭의 계율을 지켰다. 육류는 일절 입에 대지 않고 모두 마샤오얼에게 주었다. 옥중에는 달력이 없으므로 날짜 계산을 잘못하여 육식을 금하거나 금식하는 날의 계율을 어길까 두려웠기 때문이다. 독방 안은 이제 감옥이 아니라 신성한 종교 수도원처럼 보였다.

수누 일족이 재산을 몰수당하였기 때문에 노비로서 요셉의 소유물에 지나지 않았던 마샤오얼도 다른 새로운 주인에게 하사되었다. 그는 독방 근무에서 해방되어 2년여의 감옥생활에서 다시 자유로운 사회로 나오게 되었다. 그러나 그는 이것을 그다지 행복하게 여기지 않았다. 오히려 이 사려 깊은 주인과 헤어지는 것이 괴로웠다. 그는 서둘러 서양인의 성당으로 달려가 세례를 받고 바울로라는 세례명을 받았다. 그때부터 매일 시간만 나면 감옥으로 달려와서 간수인 병사에게 부탁하여 닭 구멍으로 주인의 얼굴 보는 것을 유일한 낙으로 삼았다.

옹정 5년 성모승천대축일(The Assumption, 양력 8월 15일) 새벽, 마샤오얼은 넘어지다 구르다 하며 허겁지겁 성당에 달려가 눈물을 흘리며 주인 요셉의 죽음을 전하였다. 14일 아침, 사흘 전부터 요셉이 구멍으로 넣어주는 음식을 받으러 나오지 않아 이상하게 여기던 당번 병사가 요셉이 입구까지 기어 나와 반나 상태로 엎어져 움직이지 않는 것을 확인하였다. 급히 윗사람에게 보고하여 검시를 마쳤는데 무슨 독극물이라도 먹은 것처럼 엄청난 양의 피를 토하고 숨이 끊어져 있었다. 마샤오얼은 이튿날 아침이 되어서야 그 사실을 알게 되었던 것이다. 유해는 며칠 후 공동묘지로 보내져 화장되었고 재는 땅 위에 뿌려졌다.

중국인 선교사 로자리오는 이 슬픈 소식을 갖고 신부쪼로 향하였다. 수누 일족은 집안에 갇혀 전혀 외부와 접촉할 수 없는 상태였다. 그는 감시병과 친한 수누가의 하인과 비밀리에 이야기할 기회를 얻은 것에 만족할 수밖에 없었다. 그의 이야기로는 수누가의 여인들은 조금도 흐트러진 기색없이 이제 천국에 갈 때가 가까워 왔다고 기뻐하며 용기를 내고 있다고 하였다. 이런 일은 일찍이 중국에서는 볼 수 없었던 현상으로 로자리오조차 놀랄 정도였다.

이때까지 신부쯔에 남아 있던 수누가의 노비 194명은 전부 베이징으로 송환되어 왕공들에게 분배되었다. 수누 일족의 경제상황은 갈수록 열악해졌다. 프랑스 선교사 파르낭은 때마침 프랑스에서 이들을 위한 구원 성금이 도착하자 중국 신자에게 부탁하여 이것을 전달하였다. 그럼에도 불구하고 신부쯔의 상황은 점점 악화될 뿐이었다. 노비를 빼앗기고 62명의 가족만 남은 수누 일족은 열여덟 칸의 작은 집으로 이주당하였다. 하다못해 감옥의 죄수에게 배급되는 정도의 식량이라도 나눠 달라고 높은 사람에게 부탁하였으나 들어주지 않았다. 가족은 영양부족에다 날씨까지 추워 하나둘 픽픽 쓰러져 갔다. 그들은 제대로 된 옷가지 하나 없이 토방에서 잠을 잤고 죽을 마시면서 이슬 같은 목숨을 이어가지 않으면 안되었다.

혹독한 시련의 날들은 그 뒤로 몇 년 동안 계속되었는데 마침내 서광이 다시 비치기 시작하였다. 옹정 11년 봄, 군사임무로 외몽골로 파견된 장군이 돌아오는 길에 신부쯔를 지나다가 때마침 수누가의 한 부인이 직접 우물에서 물을 긷고 있는 것을 보게 되었다. 장군은 이들의 곤궁을 보고 동정을 금하지 못해 조정에 돌아가자 곧 옹정제에게 상주문을 올려 사면을 청하였다. 이때 무슨 바람이 불었는지 옹정제가 그 자리에서 청을 받아들였다. 각지로 유배되었던 남자들은 두세 명의 사망자를 제외하고 모두 방면되어 신부쯔로 돌아왔다. 일가가 비참하게 뿔뿔이 흩어진 지 실로 8년 만의 일이었다. 이때부터 이들은 다시 만주 군인 팔기병의 자격으로 각지의 부대에서 근무하라는 명령을 받고 임지로 부임하였다.

옹정제가 왜 천자의 명을 거역하면서까지 신앙의 포기를 거부하였던 수누 일가를 사면하였는지 이에 대해서는 아직 밝혀지지 않고 있다. 이들이 지도자인 요셉을 잃고 이어서 요한을 잃었기 때문에 신앙에 동요를 일으켰거나 표면상으로라도 신앙의 포기를 표명하였던 것일까? 그러나 나는 그렇게는 생각하고 싶지 않다. 사실 청조에서 만주인은 나라의 보배였다. 유사시에 힘이 될 사람은 뭐니뭐니해도 만주의 군인이다. 완전한 독재군주가 되려고 해도 군주의 위력에는 일정한 한계가 있다. 이 점은 옹정제 자신도 분명히 알고 있었다. 너무나 가혹한 박해를 무한정 계속하는 것은 천자의 평판에도 안 좋은 일이다. 이성의 범위를 넘어서는 강압은 오히려 독재권 자체에 금이 가게 할 수도 있다. 결국 옹정제조차도 그리스도 교도의 그집에는 인내심이 달려서 굴복한 셈이다.

옹정제는 원래 종교와 정치는 별개의 것이라는 생각을 가지고 있었다. 어느 신하가 이슬람교는 외래 종교로 나라에 해를

끼치므로 금지해야 한다는 상주문을 올렸을 때에도

"바보 같은 소리하지 말라. 이슬람교도 불교도 외래라고
보면 외래다. 관습이 다르다고 해서 곤란하게 여겨서야 어찌
정치가 되겠는가"

하고 나무랐다. 마찬가지로 그리스도교에 대해서도 그다지 위
험한 것이라고는 생각지 않았다. 그러나 일본의 시마바라(島
原)의 난* 이야기도 들려왔고 방치해 두면 아무래도 정치에 방
해가 될 듯한 조짐이 보였기 때문에 금지령을 내리게 되었던 것
이다.

이런 일화도 전해지고 있다. 한 중국인 그리스도 교도가 의
사로 전쟁에 종군하여 상당한 공로를 세웠다. 귀환하고 나서 어
떤 요직에 추천을 받았는데 이 사람 외에도 같은 자격을 가진
후보자가 세 명이 더 있었기 때문에 천자가 면접을 통해 그 중
한 사람을 임명하게 되었다. 면접하던 날, 이 그리스도 교도의
답변이 황제의 마음을 상당히 흡족하게 한 모양이었다. 그런데
마지막 순간에 황제는 급히 어조를 바꾸어 물었다.

"들은 바에 의하면 그대는 그리스도 교도라고 하던데 정
말인가?"

"그러하옵니다."

이 남자가 조금도 주저하지 않고 대답하자 오히려 천자가 놀
란 듯한 표정이었다.

---

* 1637~1638년, 규슈(九州)의 아마쿠사(天草)와 시마바라(島原)에서 백성들이
일으킨 반란. 2만여 명의 참가자 중 그리스도 교도가 대부분이었다—옮긴이.

"그대는 잠시 머리가 이상해진 게 아닌가. 다시 한번 고쳐 생각하고 대답하라."

"그리스도교는 신성한 가르침입니다. 이것은 충실과 순종과 모든 미덕을 가르치고 있습니다."

옹정제는 아무 말도 하지 않은 채 이 신도의 얼굴을 지그시 바라보고 있다가 네 사람을 동시에 물러나게 하였다. 정작 당사자는 아무렇지도 않은데 보는 쪽에서는 가슴이 조마조마하였다. 한 환관이 이 남자가 돌아가는 길에 어깨를 툭 치더니 속삭였다.

"귀공은 엄청난 일을 저질러 버렸구려. 모처럼 찾아온 행운을 물거품으로 만들었소."

"그렇다고 해서 평소 남에게는 그럴싸한 말만 하다가 다급해지니 거짓으로 천자 폐하를 속인다면 그거야말로 변명할 여지가 없는 일이지요."

끝까지 담담한 그의 태도는 감탄할 만하였다. 다음날 이 그리스도 교도는 관청에 출두하라는 명령을 받았다. 허사가 되었으리라 짐작하고 있던 임명을 알리는 사령서(辭令書)가 떡하니 완성되어 있었던 것이다.

여기서도 알 수 있듯이 옹정제의 그리스도교 금지는 어디까지나 정치적인 의미 이상이 아니었다. 진지한 그리스도 교도들은 거짓말을 하지 않는다는 것만으로도 신하로서 장점이 있다. 황제는 경중을 저울질해 보고 종교문제는 덮어 두고 인재를 취하는 쪽이 득이라고 판단하자 그 쪽을 따른 것이다. 신앙문제로

맞부딪치게 되었을 때 본래 신앙을 그다지 중요하게 여기지 않는 옹정제 쪽에서 물러설 수밖에 없었던 것이다.

그렇다고는 하더라도 그때까지 분투해 온 수누 일족의 굳은 신앙심과 끈기는 경탄할 만한 것이었다. 일반적으로 당시의 만주인에게는 이런 기질이 있었다. 더구나 이들에게는 청조의 정통이라는 자부심이 있었다. 완고할 정도의 자신만만함, 옳은 것은 끝까지 밀고 나가는 신념, 이런 점이 당시의 만주인에게 있었기 때문에 비로소 청조의 중국 지배도 성취될 수 있었던 것이다. 그런데 문제는 과연 이 정도에서 그쳤을까?

수누의 셋째아들 요한의 고백에 따르면 그들이 처음 그리스도교의 교의를 전해듣고 거기에 완전히 귀의하기까지는 실로 10여 년의 세월이 걸렸다고 한다. 이 10여 년은 다른 한편으로는 번민의 세월이기도 하였다. 번민의 씨앗은 말할 것도 없이 그리스도교를 택하고 만주 고유의 민족신앙을 버릴 것인가 하는 문제였다. 원래 100만도 되지 않는 만주인이 그 100배도 더 넘는 중국인 위에 서서 청조를 건설할 수 있었던 것은 만주의 신 아부카이 칸의 가호에 의하여 비로소 가능한 것이 아니었던가? 이 신은 그들에게는 너무나도 고마운, 선의에 가득 찬 신이었다. 원하면 이루어 주고 부탁하면 들어주었다. 이 고유의 신을 배신하고 저버리는 것은 참을 수 없는 일이지만 그렇다고 해서 마냥 믿고 의지해 갈 만한 신도 아니었다. 요한 등이 이런 의문을 가지게 되었던 데는 바로 선조들의 공적에 대한 의혹도 한 몫 하였다고 볼 수 있다. 자신들이 무력으로 중국을 정복하기는 하였는데, 과연 이것은 정의인가, 그렇지 않은가? 인구 면에서 자신들보다 100배나 더 많고 지능과 기술 면에서 자신들을 훨씬 능가하는 이 다수의 중국인들을 언제까지나 눈 아래로 내려다보며 특권을 유지할 수 있을까? 만주의 신은 옛날에 하였던 대로 희생을 바치기를 게을리 하지 않는 한 후세에도 언제나 응답해 줄 것임에 틀림없지만 그러리라 쉽게 확신을 하면 할수록 그들은 더욱 불안해졌다.

바로 그때 다른 신이 나타났다. 이는 비단 만주인만이 아니라 모든 인류를 포함하여 혼돈에서 우주를, 우주에서 인간을 창조하였다고 일컬어지는 신이다. 이 신은 결코 일개 민족이나 개인을 상대로 하지 않는다. 전 인류를 상대로 정의를 행하는 신이다. 이 신의 환심을 사는 데는 희생이나 공작으로는 통하지 않는다. 올바른 행위로 섬기는 길밖에 다른 방법이 없는 신이다. 만주인도 중국인도 서양인도 이 신 앞에 나서면 모두 똑같은 인간에 지나지 않는다. 끝까지 중국의 정복자, 만주의 귀족으로서 세속적인 영예를 누리며 만주 고유의 신을 지켜 갈 것인가? 아니면 모든 긍지를 내던져 버리고 전 인류의 신 앞에 엎드려 평등한 취급을 받을 것인가? 그들의 번뇌의 핵심은 여기에 있었다.

결국 그들이 내린 결론은 만주인으로서가 아니라 인간으로서 사는 것이었다. 그들은 만주의 민족신을 버리고 '참된' 신에게로 귀의하였다. 그렇다면 만주족으로

서의 긍지도 역사도 모두 버렸던 것일까? 아니다, 결코 아니다. 그들은 어디까지나 만주인이었고 더할 나위 없이 만주족을 사랑하고 있었다. 그러면서도 일단 만주인이라는 데서 탈피하지 않으면 만주인은 구원받을 수 없다는 데에 생각이 미치게 되었던 것이다. 오만한 정복자로서 특권계급을 형성하고 사치에 빠져 무사안일을 일삼는 귀공자들에게 화 있을진저. 교만한 자는 머지 않아 멸망하리라. 만약 만주인으로서 바른 생활방법을 찾지 못한다면 저 이스라엘의 10개 부족처럼 흔적도 없이 사라질 것이다. 그들은 운명 앞에서 전율하지 않을 수 없었다. 만주인이라는 긍지와 인류로서의 정의감 사이에서 갈등하던 그들은 입교를 통해 해결의 실마리를 찾았다. 따라서 외부로부터 박해의 손길이 가해지면 가해질수록 그들은 오히려 신의 은총에 더 가까이 갈 수 있다고 생각하여 더욱더 신앙을 굳건히 하였으리라. 여기에는 옹정제조차도 끈기 싸움에서 이기지 못하고 스스로 손을 들 수밖에 없었던 것이다.

이처럼 이들이 박해를 당하면서 보여준 불굴의 신념은 최고의 찬사를 받아 마땅하다. 또한 여기에 당시 만주인 기질의 진가가 있었던 것이다. 흥성기의 청조를 중심으로 한 만주 민족의 기풍에는 원래 후진 민족 출신의 벼락 출세자들에게 보이는 결점이 많이 보이지만 그럼에도 한편으로는 이전에 패권을 잡았던 요(遼)·금(金)·원(元) 왕조에서는 찾아볼 수 없었던 장점을 갖고 있었다. 무력은 몽골의 칭기즈 칸에 뒤떨어지지만 질서를 사랑하는 단결심, 협동체에 바치는 희생정신은 훨씬 뛰어났다.

청조 초기의 역사에서 황위계승 문제로 종종 내분이 빚어지기도 하였지만 그때마다 유력자간에 타협이 이루어져 분열을 피하였고 위기를 헤쳐 나갈 수 있었다. 강희 말년의 황자들의 분규나 옹정제의 수누 일가에 대한 탄압 등은 만일 원 왕조 지배 하에서라면 당장 내란과 모반으로 비화되었을 가능성이 있었다. 원나라는 이런 까닭에 중국 전 영토를 지배하고서도 겨우 90년 만에 망하고 말았다. 그러나 청조에서는 일간 천자가 즉위하여 군신의 명분(君臣之分)이 정해지면 굳이 무력을 써서까지 자신의 욕망을 채우려는 황족은 없었다. 수누 노인과 같은 사람은 여러 자식들의 권유도 뿌리치고 그리스도교에 입교하지도 않았으며, 더구나 옹정제가 말하였던 불충에 대해서는 끝까지 인정하려 들지 않았다. 또한 죽기 직전까지 옹정제가 그에게 선고한 죄상에 대한 항변을 멈추지 않았다.

"천자는 우리가 선조 추엥이 유폐당해 죽은 것에 원한을 품고 청조를 저주한다고 공언하지만 결코 그런 적은 없다. 우리 조부 에르가투는 열일곱 살에 처음 전쟁에 나가 스물세 살에 죽을 때까지 정복전쟁에 참가하였다. 나의 아버지 투멘은 일생을 군대 막사에서 보냈다. 나 자신도 일흔이 된 오늘날까지 충실한 신하로서 일해 왔다. 천자가 우리 일가에 가한 비난은 부당한 것이며 이것만은 절대 승복할 수 없다."

이것이 신부쯔의 황야에서 숨을 거둘 때 수누 노인이 남긴 말이었다. 옹정제로부터 돼지라고 불린 구아거도 부하로부터 모반을 권유받았을 때

"형제가 무력으로 천하를 다툰다는 것은 생각해 본 적도 없다"

면서 단호히 거절하였다. 당시 모반이 불가능한 상황이었던 것은 분명하지만, 또한 그럴 의지도 전혀 없었던 것이다. 만일 만주인이 적과 아군으로 갈라져 싸우게 된다면 그것은 바로 만주족의 자멸임을 그들은 누구보다 잘 알고 있었다. 만주족 전체의 이익 앞에서 개인의 문제는 사소한 것에 불과하였다. 개인으로서는 어떠한 운명이라도 감수하지 않으면 안된다고 생각하는 것이 그들의 특수한 인생관이었던 것이다.

일부 지각 있는 만주인들 사이에 무력에 의한 정복은 언제까지나 지속될 수 있는 것이 아니라는 생각이 있었음에 틀림없다. 절대 다수를 차지하는 근면하고 머리 좋은 한인들이 언젠가는 일으킬 것 같은 저항에 대한 걱정과 불안, 아마도 이것이 수누 일가가 그리스도교에 입교한 외적 동기였을 것이다. 그들은 신앙을 통하여 신 앞에서 벌거벗은 인간이 됨으로써 그 고민을 해결하려고 하였다.

이와 비슷한 고뇌를 옹정제 또한 느끼지 않았을 리 없다. 그러나 옹정제는 전혀 다른 방법으로 그 해결방안을 찾았다. 이는 더욱 현실적인 방법으로 제왕의 입장에서 취한 해결책이었다. 종래 중국의 어떤 제왕도 해내지 못하였던 훌륭한 정치를 행하고 일찍이 중국 역사가 경험하지 못하였던 공정한 사회를 건설해서 만민이 안심하고 편안히 살 수 있도록 하겠다. 이것이야말로 하늘이 청조의 군주에게 특별히 내린 임무이다. 이 임무를

완수함으로써 청조와 만주인은 중국인한테는 물론이고 하늘의
칭찬을 받게 될 것이며 그 일가는 자손 만대까지 이어질 것이
다. 이것이 옹정제의 확고한 신념이었고 거의 종교적인 신앙이
라고 해도 과언이 아닐 것이다. 그리고 황제는 이 신념을 당시
의 만주인 특유의 성실함과 강한 인내심으로 실행에 옮겼던 것
이다.

4장

천명을 받들어

명왕조의 만력연간, 만주 일대에서 흥기한 청조가 태조대에 걸쳐 전 만주를 통일하고 태종대까지 인구 면에서 거의 100배가 넘는 명나라와 전쟁을 계속하면서 3대째인 순치제에 이르러 베이징에 입성, 중국 전체를 평정한 일은 확실히 역사적으로 볼 때 기적이었다. 이러한 예기치 못한 성공에 대해서 만주인 자신조차 놀랐음에 틀림없다. 옛날 만주식 사고방식으로 말하자면 이것은 만주의 수호신 아부카이 칸의 가호에 의해 이루어진 것이었다. 청조는 베이징에 들어와서 불타 버린 명의 궁전을 거의 그대로 복원하였는데, 단지 한 가지 차이점은 내전에 해당하는 곤령궁(坤寧宮) 안쪽 정원 앞에 하늘에 제사지내기 위한 신간(神杆)을 세운 것이다. 별도로 황성의 동남쪽 구석에 건설된 당자(堂子)라는 건물은 만주식으로 하늘에 제사지내는 가장 신성한 영적 장소였다. 그리고 이 제사를 행하는 것은 청조의 천자만이 갖는 특권이었다.

한편 명청교체의 혁명은 중국식으로 말하자면 이른바 천명 (天命)이었다. 지금까지 하늘의 명을 받아 중국을 지배하고 있던 명 왕조가 타락함으로써 천명이 명을 떠났고 청조에게 새로이 중국 백성을 통치해야 한다는 명령이 내려진 것이다. 만주인이 중국에 들어와 한화(漢化)되기 시작하면서 천명이라는 보편적 사고방식도 수입되었다. 옹정제도 물론 이를 믿었던 사람들 가운데 하나였다. 만주의 아부카이 칸이나 중국의 천(天)은 궁극적으로는 같은 하늘이며 만주인에게 은혜를 베풂과 동시에 중국인에게도 혜택을 주는 존재였던 것이다.

강희제의 서른다섯 황자 중에 옹정제가 선택되어 제위에 오른 것도 역시 천명이라고 해석할 수밖에 없는 일이었다. 황태자 책봉을 둘러싸고 황자들이 격렬하게 싸움을 벌일 때 옹정제가 최후의 승자가 되리라고 누가 짐작이나 했겠는가? 청조에 내려진 천명은 황자들 중에서 옹정제를 가려 냈던 것이다.

그러나 천명은 권리임과 동시에 의무이기도 하다. 천하 만민의 생활을 보장해 주고 각각 분수에 맞게 안주시키는 것이 천자에게 부여된 임무이며, 만약 이 임무를 완수하지 못하면 천명은 다시 다른 곳으로 떠나가 버릴지도 모른다. "천도(天道)는 늘 그대로 머물러 있는 것이 아니다."* 곧 천명은 받을 가치가 없는 자들에게서는 언제라도 도망가 버린다. 이는 새로운 혁명을 의미한다. 천명의 수행은 하늘에 대한 의무임과 동시에 조상에

---

* 天道無親, 常與善人, 하늘은 편애하는 마음이 없으며, 다만 선한 자만 친히 여긴다. 『老子』 79— 옮긴이.

대한 의무이며 또한 만주족 전체에 대한 책무이기도 하다.

옹정제가 이러한 대임을 지고 천자의 자리에 오른 것은 마흔 다섯 살 때의 일이었다. 황제의 말에 따르면 그 동안 현실정치에 관여하는 것을 애써 피해 왔다고 한다. 이것은 아마도 형제간의 물고 물리는 골육상쟁에 말려 들지 않기 위한 보신책이기도 하였을 것이다. 스스로 이렇게 말하기도 하였다.

"선제의 재임 중 짐은 일부러 대신들과 교제하는 것을 피해 왔다. 황자의 지위를 이용해서 정치에 관여하는 것은 삼가야 할 일이기 때문이다. 그런 까닭에 제위에 올랐을 때는 정치하는 법도 모르고 대신들이 현명한지 어리석은지도 몰라서 정말 어찌할 바를 몰랐다."

그러나 이 말은 참작해서 들어야 할 필요가 있다. 옹정제가 표면적으로는 형제들의 내분에 끼여든 적은 없었지만, 전혀 무관심하게 초연히 있었던 것만도 아닌 것 같다. 다만 제3자의 입장에 서서 비교적 냉정하게 사태의 추이를 지켜보고 있었던 만큼 마음에 여유가 있었던 것이다. 이와 동시에 세상 인심과 돌아가는 형편 등에 대해서 세심한 관찰도 게을리 하지 않았던 것 같다. 부담 없는 더부살이 신분은 아버지 강희제의 정치방침에 대해서까지 냉정한 비판의 눈길을 던질 수 있는 여유를 갖게 하였다. 뒤에 황제가 신하에게 보낸 서간의 한 구절은 깊이 음미해 볼 만하다.

"짐이야말로 45년간의 더부살이 생활에서 세상의 쓴맛 단맛을 다 맛본 후에 비로소 천자가 된 사아거이다. 응석받이로 자란 여느 천자들과는 사정이 다르다. 만만히 보고 덤비었다가는 호되게 당할 줄 알라."

아마도 이것이 옹정제의 본심이었을 것이다. 그러면 옹정제의 눈에 비친 강희시대의 정치는 대체 어떤 것이었을까? 강희제는 인자하고 도량이 넓은 군주라는 좋은 평판을 얻었다. 그러나 세상의 평판이라는 것은 실상 믿을 게 못된다. 여론이란 결국 유력자들이 만들어 낸 것에 지나지 않는 법, 세상에는 여론의 울타리밖에 놓인 채 밑바닥에서 허덕이는 곤궁한 백성이 훨씬 더 많다. 아침부터 밤까지 잠시도 쉬지 않고 일하지 않으면 먹고 살 수 없는 농민들에게 여론을 만들어 낼 여유 따위는 없다. 여론이란 지식계급 출신의 정치가가 정치는 내팽개쳐 두고 술을 마시고 시문에 흥겨워하면서 그 사이 사이에 발산시킨 귀족적 향기에 지나지 않는다.

강희시대는 한마디로 말하자면 보스 정치의 세상이었다. 이것은 물론 강희제 때부터 시작된 것은 아니며 청조에서 비롯된 것도 아니다. 역사가 시작된 이래 보스 정치가 행해지지 않은 적은 없었지만 중국의 경우 시대가 내려올수록 정도가 더 심해져 온 듯하다. 명이 힘없이 멸망해 버린 것도 보스 정치가 불러온 파국이었다.

당·송 왕조 이래 성행되어 온 과거제도는 정치 보스를 양산하는 온상이 되었다. 공평하게 인재를 등용한다는 것은 듣기 좋은 말이지만 고전에 대한 교양을 시험하는 과거시험을 치르기 위해서는 적어도 10여 년의 수업을 필요로 한다. 경제 면에서

나 시간적으로 여유가 있는 상류계급이 아니면 실제로 과거에 응시하는 것은 불가능하였다. 과거를 거치지 않으면 관리가 될 수 없고 설령 된다 하더라도 입신 출세는 기대할 수 없다. 과거를 통과해서 관리가 되면 저절로 금전이 굴러 들어온다. 이에 반해 관직이 없으면 겨우 모은 재산조차도 유지해 가기가 어렵다. 이렇게 해서 재산과 관직, 교육과 문화 등이 특수한 계급으로 집중되는 것이다. 정치는 이 특권계급을 위하여 행해지고 여론은 이러한 특권계급을 옹호하기 위하여 만들어진다.

관리의 지위는 재산가라야 비로소 획득할 수 있지만 그 재산은 또한 관리라는 지위에 의해서만 얻을 수 있다. 왜냐하면 관리와 결탁하지 않으면 어떤 사업도 성공하지 못하기 때문이다. 상업도, 공업도, 광업도 관리와 결탁하기 위하여 거액의 자금을 쏟아 부어야 한다. 그리고 관권과 긴밀히 연결되어 성립되는 사업, 예를 들면 염업 같은 독점사업일수록 이윤이 많다. 이런 식으로는 정당한 산업을 일으키기 위한 자본이 축적될 리 없다. 이윤은 대부분 정치 보스의 주머니에 들어가서 무익한 소비를 촉진할 뿐이다. 여기서 사업가가 정치 보스에게 상납하는 헌금을 충당하기 위해서는 국가에 대한 납세를 게을리 한다든지 하층민의 노동을 착취한다든지 둘 중 하나를 선택하지 않을 수 없다. 자본가가 탈세나 면세를 일삼게 되면 국가 재정은 파탄에 이를 수밖에 없다. 또한 노동착취가 극단에 치달으면 재생산이 불가능해진다. 왕조 말기에는 대부분의 경우 이런 두 가지 현상이 병행해서 나타났던 것이다.

청조의 역사에서 볼 때 흥성기에 해당하는 강희제의 시대도 내면적으로 보자면 정치 보스의 암약이 두드러지게 나타나고 있었다. 예의 황태자 문제를 둘러싼 비극은 이 문제와 연결되어 나타난 일례에 지나지 않는다. 이것은 달리 말하면 조정에서 실권을 쥐고 있는 만주인의 대부분이 아직 충분히 중국의 실정을 알지 못해서 중국인 정치 보스에게 조종당한 결과이기도 하였다. 밍주(明珠)나 송고투와 같은 만주인 출신의 우두머리를 떠받친 것은 역시 중국인 보스 패거리였던 것이다.

한인 정치 보스 중에서 가장 두드러진 인물은 쉬첸쉐(徐乾學)이며 왕홍쉬(王鴻緒), 가오스치(高士奇) 등이 그 뒤를 잇는다. 이들은 모두 저명한 문인으로 당파 결성은 앞에서 언급한 과거를 통해서 이루어졌다. 중국에서는 과거가 크게 성행하면서 사제(師弟)의 개념에 특수한 변화가 생겨났다. 곧 종래는 실제로 학문을 가르친 사람이 스승이고 가르침을 받는 쪽이 제자였지만 과거가 크게 유행하면서 시험관이 스승이고 수험생인 급제자가 제자로 간주되기 시작하였다. 왜냐하면 학교나 사학 등에서 독서와 작문을 가르친 교사는 직업적인 일을 하는 것이며 제자 쪽에서는 여기에 대한 사례를 치른다. 말하자면 일종의 상거래와 같은 것이어서 그때 그때마다 계산은 결제가 된다. 따라서 이들 사이는 일종의 매매관계인 까닭에 뒤에 아무런 은혜도 의리도 남지 않는다.

그러나 과거시험에는 공무상 조정의 대관이 파견된다. 시험에서 어떤 문체의 답안을 통과시키든지 완전히 시험관의 자유재량이다. 그런데 수많은 수험생 중에서 특히 특정한 한 사람의 문장에 공감해서 선발하여 채용해 주었다는 점에서 합격자에게 이 시험관은 자신을 알아준 지기인 셈이며 평생 그 은혜와 의리를 잊을 수 없는 사람이다. 그런 까닭에 시험관이야말로 평생의 소중한 은사이며 정계에 나아갈 때에는 보스가 되기도 한다.

이렇게 여러 번의 시험 때마다 시험관과 수험상 사이에는 사제의 관계와 함께 보스와 부하의 인연이 맺어진다. 원래 역대의 제왕은 이런 경향을 끊임없이 경계하여 천자 자신이 과거의 최종 시험인 전시(殿試)의 시험관이 되고 급제자인 진사(進士)가 천자의 부하가 되도록 해서 천자 이외의 시험관과는 보스와 부하의 관계가 성립되지 않도록 애써 왔다. 그러나 청조 초기의 천자는 한학에 대한 교양이 낮아 시험에 관련된 일은 대신들에게 맡겨 두는 형편이었기 때문에 그 틈을 타서 쉬첸쉐 같은 학자 대신을 중심으로 보스와 부하로 엮인 거대한 조직이 만들어지고 말았던 것이다.

강희제가 어느 정도까지 한문화(漢文化)를 이해하고 있었는지와는 별개로 황제는 자주 문화사업을 일으켰고 방대한 서적 편찬사업을 벌였다. 거기서 십중팔구는 쉬첸쉐가 편찬사업의 총재관이 되었으며 그때마다 제자들을 편찬관으로 임용하였다. 사업이 끝나면 부하들은 포상을 받으며 대관으로도 발탁되거나 시험관이 되어 지방으로 부임하였다. 여기서 감자 덩굴처럼 눈에 보이지 않는 광범위한 조직이 엮어진 것이다.

천자 독재권의 발달은 관료조직과 밀접한 관련이 있다. 천자는 관료기구를 통해서만 비로소 독재군주가 될 수 있다. 그러나 일단 관료기구가 형성되면 천자의 독재권은 이로 인하여 제약을 받는다. 이론적으로 독재체제하의 관리는 한 사람 한 사람이 천자의 신하이며, 관리와 관리 사이에 사적인 연계가 있어서는 안된다. 천자는 부채의 축과 같이 모든 것을 한 점으로 집약시키는 존재여야만 한다. 천자라는 축 이외에 다른 축이 있어서는 안되는데 실제로는 과거를 계기로 여기에 몇 개의 중간 매듭이 생겨서 천자의 의향은 백성에게 이르기 전에 중간에서 여러 형태로 왜곡되어 버린다. 백성의 민심 역시 위로 전달되는 과정에 이런 매듭에 부딪혀 저지된다. 천하의 정치는 표면적으로는 군주의 명령에 의해 시행되지만 실제로는 관료조직 내부에 서식하고 있는 크고 작은 매듭, 바꿔 말하자면 정치 보스의 손에 의해 좌지우지되고 있었던 것이다.

정치 보스의 존재는 관료군 피라미드의 정점에 위치한 천자의 옥좌에서 볼 때에는 쉽게 포착되지 않는다. 그러나 옆에 있는 제3자의 위치에서 관찰할 때에는 손에 잡힐 듯 훤히 꿰뚫어 볼 수 있다. 옹정제가 마흔다섯이 되도록 궁중에서 더부살이를 하는 동안 정계의 이런 폐습을 꼼꼼하게 관찰하고 있었음은 말할 나위도 없다.

"이번 천자는 세상의 쓴맛 단맛을 다 맛본 후에 비로소 천자가 된 사아거이다"

라는 말 속에는 자신감에 가득 찬 천근의 무게를 느낄 수 있다.

　즉위한 다음 해인 옹정 원년 정월 초하루, 황제는 위로는 종1품(從一品)의 총독(總督)에서 아래로는 정7품(正七品)의 지현(知縣)에 이르는 전 지방관에 대하여 각각의 준수사항을 밝힌 칙유를 내렸다. 이것은 옹정제 자신의 정치방침을 밝힌 선언서이자 지방관의 충실한 협력을 촉구한 것이라 할 수 있다. 여기서 공통적으로 언급된 것은 당시 지방관들에게 있어 최대의 유혹인 명실(名實)의 겸비, 곧 명성과 실익을 동시에 얻으려는 나쁜 풍습을 근절하라는 것이었다. 명성이란 관리들 사이의 평판으로 교제를 통해 얻어진다. 관료사회에서 명성은 일종의 자본이다. 천하에 이름이 알려진 관리는 어디에 가더라도 대우를 받는다. 여기서 발이 넓다는 것은 만약의 경우, 정치운동을 부탁하는 데 이용가치가 크다는 것을 의미하기 때문이다. 화려함을 즐기는 관료사회에서 교제를 하려면 반드시 많은 돈이 있어야 한다. 조세의 일부를 갈취하든지, 정치상인과 결탁하든지, 뇌물을 받든지 어떤 식으로 하든지 결국 그 부담은 일반 백성에게 돌아가는 것이다. 이런 부정한 재물을 써서 화려한 교제를 하고, 교제를 하면 명성이 높아지고, 명성이 높아지면 고위 관리로 출세할 기회가 많아지고 흑막 속의 정치운동에도 얼굴이 통하게 되어 점점 수입이 늘어나는 것이 이른바 명실을 겸비한다는 것이다. 그러나 이렇게 되면 관리는 점점 더 살찌고 밑에 깔린 민중들은 나날이 쪼들려서 여위어 간다. 이래서는 안된다. 정치는 관리를 위해 존재하는 것이 아니라 백성을 위하여 있는 것이다. 관리가 정말 성실하게 정치를 하겠다고 마음먹는다면 서로간의 교제를 위한 시간이나 비용도 생길 여지가 없다. 그런데 여기서 곤란한 문제를 야기시키는 것은 과거에 급제하여 요직을 차지한 관리들이야말로 교제하는 데 능숙하였고 또한 이를 즐겼다는 사실이다.

지방관이 준수해야 할 지침을 선언한 데 이어 옹정 2년 7월, 황제가 반포한 『어제붕당론』(御製朋黨論) 한 편은 바로 위의 문제에 예봉을 휘두르고 있다. 옛날 송대의 유명한 문인 정치가인 어우양슈(歐陽修)에게는 붕당론이라는 문장이 있는데

"관리가 단결하는 것은 비난할 일이 아니다. 왜냐하면 올바른 사람이라야 비로소 시종일관 단결해 나갈 수 있으며 사악한 소인은 그때 그때의 이해관계에 따라 행동하기 때문에 단결이 얼마 못 가 깨어진다"

라는 의미의 내용을 서술하고 있다. 옹정제는 이를 어우양슈의 사악한 논설(邪說)이라고 깎아 내리면서 직접 별개의 붕당론을 만들었던 것이다.

"진실로 올바른 자는 당파 따위를 만들지 않는다. 사악한 소인들이 자신의 결점을 감추고 다수의 힘으로 천하의 공평한 비판을 왜곡하려고 하는 데서 당파가 생긴다. 이는 달리 말하자면 군주의 대권을 침범하는 것과 다름없다"

는 것이 옹정제의 주장이다. 이로부터 2년 뒤 다시 칙유를 내려

"예로부터 천하를 다스리는 데는 다른 방도가 없다. 명령을 내릴 때에는 오로지 그것이 도리에 맞는지 틀린지, 사태

에 적합한지 아닌지를 생각해야 할 것이다. 어떻게 하면 인
기를 끌 수 있을까 없을까는 추호도 신경쓸 필요가 없다. 천
하의 사람 수는 무한하고 각각의 사고방식도 다른 법이다.
사람의 입에 문을 달 수는 없는 일이다"

라고 하였다. 여기서 옹정제가 여론을 대단히 하찮게 여기는 듯
하나 황제가 볼 때 당시의 여론이란 결코 만민의 공정한 여론이
아니라 심하게 왜곡된 것이어서 신뢰할 수 없다는 뜻이다. 이것
은 결국 유명한 논어의 문구인 "백성이 정치를 신뢰하게 할 수
는 있어도 그 정치의 내용을 알게 하기는 어렵다"*라는 입장에
귀착해 있음을 알 수 있다. 만사는 군주의 가슴속에 있다. 잠자
코 내게 맡겨 두라는 것이 독재군주의 궁극적인 입장인 것이다.

그러나 군주 한 사람이 천하를 책임지겠다는 것은 양심적으
로 해나간다면 엄청난 일이다. 그럼에도 마흔다섯의 한창 나이
에 황위에 오른 옹정제에게는 그만큼 강한 자신감이 있었다. 게
다가 천명이 자신의 한 몸에 내렸다고 하는 신앙까지 더해졌다.
어디까지나 적극적이었다.

"관리의 기풍이나 기강 문란 등의 문제는 송·원대 이래 점
점 폐해가 심해져서 이제 손을 쓸 수 없는 지경에 이르렀다.
좋다. 짐은 있는 힘을 다해 천년 동안 계속되어 온 이런 부패
풍조를 일신해 보겠다."

이것이 옹정제의 당찬 포부였다.

* 『論語』, 제4권, 泰伯第 八, 9, "子曰, 民可使由之, 不可使知之"―옮긴이.

　　그러나 이 사업은 보통 어려운 일이 아니다. 이것은 지금까지의 관료조직을 개혁하여 새로운 관료체계를 수립하겠다는 의미이다. 그것도 다른 장소에 새로운 집을 짓고 나서 옛날 집을 부수는 것이 아니라, 낡은 집의 벌레 먹은 기둥을 하나씩 교체해서 완전히 새로운 건물로 개조하는 것과 같은 일이다. 혁명은 용이하지만 개혁은 어렵다는 것은 바로 이런 점을 가리켜 하는 말이다.

　　이 목적을 달성하기 위하여 가장 먼저 해야 할 일은 관리의 인물 됨됨이를 판별하는 것이다. 과연 양심적인 정치를 해나갈 인물인지, 과연 입으로 떠드는 것처럼 실제로 행동할 능력이 있는지, 번거롭더라도 한 사람 한 사람 불러 시험해 볼 필요가 있다. 독재정치의 성패는 군주의 수완에 따라 판가름나는 것이다. 게다가 이미 여론이라는 것이 신뢰할 수 없는 지경인 이상 특별한 방법에 의존하지 않으면 안된다. 여기에는 역시 옛날부터 독재군주들이 늘 써온 방법인 밀정정치가 안성맞춤이었다.

　　만주에서 일어난 청조는 밀정정치를 행하는 데 적합한 조건을 갖추고 있었다. 청조가 만주에서부터 중국으로 데리고 들어온 기(旗)집단의 중심 세력이 팔기(八旗)라는 조직형태로 천자를 둘러싸고 있었기 때문이다. 기(旗)란 연대(連隊) 정도의 의미로 만주인만으로 구성된 만주 팔기와 몽골인 팔기, 만주시대부터 복속한 한인들로 조직된 한군 팔기가 합쳐서 24기이며 일반 중국 백성과는 구별되는 여러 가지 특권이 주어졌다. 마치 도쿠가와 막부(德川幕府)가 대대로 도쿠가와를 섬겨 온 누대의 심복인 하타모토(旗本)의 고케닌(御家人, 직속 하급무사)을 써서 도자마 다이묘(外樣大名, 새로 신하로 복속해 온 다이쿄)의 영지에 스파이로 파견하였던 것처럼 옹정제는 팔기의 청년을 풀어서 밀정으로 썼다. 팔기의 장정 중에서 기민한 젊은이들이 선발되어 천자의 측근에서 시중을 드는 시위(侍衛)가 되는데 때에 따라서 기밀 임무를 명령받으면 아무리 먼 곳이라도 파견되었다. 이 무렵에는 만주인들도 한인과 조금도 다르지 않게 중국말을 할 수 있을 정도가 되어 있었다.

이런 일화가 있다. 어느 지방관이 임지에 부임하면서 베이징에서 하인 한 사람을 고용하여 데리고 갔다. 이 하인은 충실하게 주인을 섬기어 주인의 마음에 들었다. 3년의 임기가 끝나 주인인 지방관이 수도로 돌아가려고 준비하고 있는데 하인이 갑자기 휴가를 얻고 싶다고 말하였다. 그러면서 헤어질 때

"주인님께서는 열심히 일하여 역할을 잘 수행하셨습니다. 수도로 돌아가시면 반드시 천자께서 포상을 내리실 겁니다"

라는 의미심장한 한마디를 남기고 물러갔다. 지방관이 베이징으로 돌아가 천자를 배알하자 과연 옹정제로부터 특별히 치하하는 말이 있었다. 궁궐 문을 나설 때 언뜻 돌아보니 거기에 버티고 서 있는 시위장이 놀랍게도 얼마 전까지 자신의 하인으로 일하던 사람이었다.

독재제도하에서 밀정정치가 실패로 끝나는 것은 군주가 역으로 밀정에게 농락당하기 때문이다. 밀정이란 극약과 같아서 부작용이 크다. 더구나 그 양을 잘못 쓰면 터무니없는 결과를

초래할 수도 있다. 명대의 천자가 환관을 이용한 밀정정치를 강행하다가 실패해 버린 것이 그 예이다. 밀정에게 휘둘리지 않기 위해서는 정보 통로를 한 군데로 하지 말고 밀정의 계통을 종횡 십자형으로 겹쳐 놓아야 한다. 가능하다면 밀정을 위한 전문기관을 설치하는 것보다는 관료 서로가 스파이 역할을 하게 하는 것이 최상의 책략이다. 정말 머리가 치밀하게 움직이는 총명한 군주가 아니라면 밀정을 잘 이용하기는 어렵다.

이런 이야기도 있었다. 조정의 대신 대여섯 명이 모여 밤새워 마작을 두고 있었다. 마지막으로 패를 돌릴 때 패 한 쪽이 없어졌는데 아무리 찾아도 보이지 않았다. 그대로 헤어지고 난 다음날, 그 중 한 사람이 궁궐에 들어가자 옹정제가 물었다.

"어젯밤에는 무엇을 하였는가?"

대신은 당황하였다. 도박은 법령으로 엄히 금지되어 있었고 특히 옹정제는 도박을 매우 싫어하였다. 그러나 변명의 여지가 없었다.

"참으로 면목이 없습니다. 마작을 하며 놀았습니다."

"뭐 이상한 일은 없었느냐?"

"마작패 한 쪽이 사라졌는데 아무리 찾아도 없었습니다."

그러자 옹정제는 득의양양한 얼굴로 소매에서 패 한 쪽을 꺼내어 던졌다.

"잃어버린 패는 이것이렷다."

정직하게 자백한 덕분에 이 대신은 처벌을 면하게 되었지만, 질린 나머지 그 길로 다시는 마작패를 잡지 않았다.

또 이런 이야기도 전해진다. 옹정제의 밀정이 한밤중에 관청을 돌면서 불침번이 제대로 근무하고 있는지 살펴보고 있었다. 어느 날 아침 사법부인 형부(刑部)의 대신이 궁궐에 들어왔다. 황제는 대신에게 이상한 질문을 던졌다.

"형부의 간판은 어디에 있는가?"

"관청 문에 걸려 있습니다."

"바보 같은 소리 말라."

옹정제는 고함을 질렀다. 황제가 가리키는 쪽을 보자 궁전 구석에 형부의 간판이 널브러져 있었다. 이삼일 전 밤중에 형부의 관아를 지키는 불침번이 곯아떨어져 있는 사이 황제의 밀정이 간판을 떼어 가지고 왔는데 대신이 그때까지도 눈치 못 채고 있었던 것이다. 황제가 떼어 낸 간판을 끝내 돌려주지 않아 형부는 언제까지고 간판을 달지 못하였다.

이런 이야기는 전해 오는 재미있는 일화일 뿐, 옹정제의 진면목이 이런 자잘한 데 그친 것은 아니다. 황제가 가장 알고 싶어한 것은 백성의 생활, 치안의 확립 여부, 경제 상태 등이었다. 이것을 파악하기 위하여 황제는 지방관에게 명령해서 매년 겨울에는 적설량, 봄여름에는 강우량, 보리·누에 등의 작황 및 가뭄과 홍수의 여부, 그리고 가을에는 쌀의 수확량 쌀값의 등락 등을 그때마다 보고하도록 하였다. 이 일은 이미 강희제 말년부터도 시행되어 왔으나 옹정제는 대소 관리들로 하여금 각각 보고하게 하고 서로 비교해 보아 허위가 있는지 확인하지 않고서는 마음이 놓이지

않았다.

　중앙정부의 관청에는 이런 식의 보고를 전문적으로 취급하는 곳이 없었기 때문에 주접(奏摺)이라는 형식의 문서로 천자에게 직접 보고되었다. 원래 중앙정부와 각 성(省)간의 연락은 성의 총독과 총독 수하의 민정장관인 순무(巡撫)를 통해서 이루어진다. 총독과 순무는 중앙정부에 보고서와 요구사항 등을 제출하는데 이 공문서를 제본(題本)이라고 부른다. 제본도 마지막에는 천자의 손에 이르게 되지만 이미 정부기관인 육부(六部)와 내각에서 처리를 마친 다음 천자의 결재를 받기 위하여서 제출되는 것이다. 이렇게 되면 최후의 결정권은 천자에게 있는 것이므로 대부분의 군주는 여기에 대한 결정을 내리는 것만으로 독재군주의 임무를 다하였다고 생각하여 안심한다.

　그러나 옹정제는 차려진 밥상에 숟가락만 드는 식의 독재군주로는 만족할 수 없어 별도로 새로운 방법을 고안해 냈다. 당시 중앙정부의 관리와 지방의 대관인 총독, 순무 등은 내각에 보내는 문서와는 별도로 직접 천자에게 보고서나 의견을 올릴 수 있었는데 이 문서가 바로 주접이다. 주접은 이를테면 총독 일개인, 순무 일개인이 비공식적으로 천자 개인에게 보내는 친필 편지이다. 주접의 내용은 때로는 연하장의 성격을 띠기도 하고 때로는 날씨나 쌀값에 대한 보고문이기도 하며 때로는 군사상의 기밀도 포함되는 등 천차만별이었다. 옹정제는 종전부터 있었던 이 제도를 확대시켜 보다 광범위한 관리들에게 주접을 올리게 해서 지방의 정보를 입수하는 한편, 보고의 질에 의해 관리의 인물됨을 관찰할 수 있도록 하였던 것이다.

　문관은 부(府)의 책임자인 지부(知府), 무관은 사단장급에 해당되는 총병관(總兵官) 등이 대상이 되었는데, 이들은 임지로 출발하기 전에 반드시 궁중에 불려가 황제를 알현하였다. 이때 옹정제로부터 여러 가지 훈계가 내려진다. 임지에 도착하면 조속히 천자 앞으로 친필 서간인 주접을 올려 알현 때 들었던 훈유를 복창해야 한다. 틀리게 적으면 옹정제는 붉은 붓으로 하나 하나 정정하여 진짜 칙유는 이렇다고 일러 주고 특별한 명령이 있으면 역시 붉은 붓으로 편지 여백에 적어 넣은 뒤 발신인에게 보낸다. 이것이 최초의 시험이다. 이렇게 붉은 붓으로 쓴 친필 서한, 곧 주비유지(硃批諭旨)를 받은 당사자는 이것을 자신이 가지고 있거나 타인에게 보여주어서는 안되며 즉시 천자에게로 돌려보내야 한다. 동시에 이번에는 정치상의 의견과 정치의 시행 상황에 대한 보고를 제출해야 한다. 그 밖에도 무엇이건 보고들은 게 있으면 있는 그대로 숨김없이 코고하라는 것이 옹정제의 주문이었다.

　"사람은 견문이 넓지 않으면 반드시 그릇된 판단을 내리는 법이다. 그래서 짐은 너희에게 여러 가지 정보를 알려 달라고 요구하는 것이다."

　"지방정치가 잘 운영되고 있는지, 관리가 근면한지 태만한지, 윗사람은 공평한지 불공평한지, 아랫사람 중에 누가 뛰어나고 누가 모자란지, 군대의 규율은 어떤지 토고하라. 이뿐만이 아니다. 뭔가 특이한 일이 귀에 들어오면 달리 증거가 없어도 좋으니까 빠뜨리지 말고 모두 다 보고하는 것이 무엇보다 중요하다. 다만 확실한 증거가 있는 것과 우연히 풍문으로 얻어들은 것을 구별하도록 하라. 짐이 다른 방법으로 이를 확인해 볼 것이다."

"쑤저우(蘇州)라는 곳은 교통의 요지이다. 관리도 왕래하고 상인도 출입한다. 정치에 관련된 일에 대해서 들은 게 있으면 샅샅이 캐내어 속히 보고하도록 하라."

"바쁠 때에는 비밀스러운 중요 안건이 아닌 한 타인에게 대필시켜도 무방하다. 공식 문서가 아니니까 행서체나 초서체를 섞어도 개의치 않는다. 요컨대 보고 이해할 수만 있으면 된다. 여기서는 겉치레 예의범절 따위는 필요없다."

이렇게 지방에서 수집된 보고서는 옹정제 오직 한 사람만이 개봉해서 볼 뿐 조정의 대신에게도 절대 비밀로 하였다. 만약 공적으로 논의해야 할 중요한 사안이 있을 경우에는 보낸 사람의 이름을 잘라 버리고 대신들에게 보여서 의견을 묻는다. 이와 동시에 수취인 역시 황제의 답장 내용을 절대 타인에게 누설해서는 안된다. 이 비밀이 지켜지지 않으면 지방관은 훗날의 보복을 두려워하여 아무도 윗사람이나 대신에 대한 나쁜 이야기를 보고하지 않을 것이며 천자 또한 이들에게 비밀업무를 부탁할 수 없게 될 것이다. 지방관은 공무 이외에도 이런 식으로 정보를 제공하는 것이 또 하나의 중대 임무였고 만약 게을리 하였다가는 황제의 독촉을 받게 된다. 당연히 보고해야 할 사실을 감추고 있었던 거라면 이때야말로 호된 꾸중을 듣게 된다.

"짐은 이 일을 전부터 확실히 알고 있었다. 너는 이제 와서 무슨 낯으로 보고하는 것이냐. 만약 이 일을 지금까지 모르고 있었다면 너는 눈도 귀도 없는 목석이다."

"이렇게 하찮은 것만 보고하는 걸 보니, 반드시 보고해야 할 중대한 사안을 감추고 있는 것이 틀림없다."

"너희들이 정치를 어떻게 하는지 짐이 모르고 대충 넘어갈 것 같은가. 짐이 정무를 보면서 가장 중요하게 여기는 점은 바로 이런 것을 확실히 파악하는 일이다."

이렇게 정보를 제공하는 임무는 공무가 아니고 어디까지나 옹정제와 지방관 개인간의 서신왕래였다. 따라서 서신에 아무리 그릇된 내용을 썼다고 하더라도 그것으로 처벌당하지는 않는다.

"이런, 바보 같은 의견을 잘도 내어놓는구나. 그나마 서간문으로 왔기에 망정이지 만약 정부를 통해 공문으로 제출된 것이라면 너는 큰 벌을 받을 판이다."

관리들은 처벌까지는 당하지 않더라도 옹정제로부터 바보 취급을 당하거나 통렬하게 욕을 듣는 경우도 드물지 않았다. 황제의 질책은 너무도 신랄해서 사람의 폐부를 찢는 듯한 것이 많았다.

"바보는 고칠 수 없다(下愚不移)는 말은 바로 너를 두고 하는 말이다."

"금수라도 너보다는 낫다."

"양심을 뭉개 버리고 수치를 수치로 여기지 않는 소인배."

　"목석처럼 무감각해서 인간이라고 생각할 수조차 없는 녀석이다."

　"무학하고 무능하며 욕심만 많아 헛다리만 짚는다."

　"속임수를 일삼는 거짓말쟁이, 눈가림만 하는 사기꾼."

　"은혜도 모르고 의리도 모르는 잘못 둔갑한 늙은 너구리. 국가의 법규를 무너뜨리는 게 네가 한 일이다."

　황제의 욕설은 무궁무진 다할 줄을 모른다. 천자가 어떻게 이런 갖가지 욕설을 알고 있었는지, 그리고 그 어휘의 풍부함에도 놀라게 되지만 천자가 책임지고 이렇게까지 말하려면 그만큼 확실한 증거를 확보하고 있지 않으면 안된다. 따라서 우리는 오히려 그 정보 입수의 기민함에 놀라지 않을 수 없다. 황제의 이런 신랄한 욕설은 그럼에도 어디까지나 개인적인 것이었다. 옹정제는 이로써 지방관의 반성을 촉구하였고 상대가 즉시 마음을 바꾸어 먹거나 특별한 공적이라도 세우면 금방 기분을 돌리곤 하였다. 욕설을 퍼붓는 동안은 그래도 희망이 있는 것이며, 전혀 가망이 없다 싶으면 공식명령으로 면직시켰던 것이다.

　옹정제의 거실은 이렇게 해서 지방관이 올린 글에 황제가 붉은 붓으로 답장을 보낸 후 다시 되돌아온 문서, 이른바 주비유지로 가득 차 있었다. 뒤에 황제는 이 중에서 정치에 참고가 될 만한 것들을 뽑아 출판하였다. 적과 흑의 2도 인쇄로 검은 글씨는 신하가 올린 주접의 원문, 붉은 글씨는 황제가 붉은 붓으로 고치거나 다시 써넣은 부분이다. 이것이 바로 『옹정주비유지』(雍正硃批諭旨)라는 112책에 달하는 책으로, 옹정제가 심혈을 기울여 정치에 매진한 결정체이며 또한 황제가 얼마나 힘써 노력하였는지를 보여주는 기념비이기도 하다. 그럼에도 이렇게 출판된 것은 극히 일부분에 지나지 않으며, 이 책의 몇 배에 달하는 편지뭉치가 청조 말년까지 궁중에 산더미처럼 쌓여 있었다고 한다.

예로부터 천자는 일일만기(一日萬機), 곧 하루에 1만 건의 사무를 처리한다고 일컬어졌던 것처럼 성실하게 정치를 하려고 하면 눈이 핑핑 돌아갈 정도로 바빴다. 아주 사소한 일도 그냥 넘어가는 일없이 그리고 한 가지 일도 허투루 처리하는 적 없이 온힘을 다해 빈틈없이 정치에 몰두한 옹정제의 진지함에는 참으로 머리가 숙여진다. 아마 이만큼 양심적인 제왕은 중국 역사에는 물론 다른 나라의 역사에서도 그에 견줄 만한 예를 찾아볼 수 없을 것이다.

새벽 4시 이전에 기상. 물론 옹정제만 유달리 일찍 일어난 것은 아니며 대체로 중국인은 아침에 일찍 일어난다. 매일 아침, 반드시 선대의 역사인 실록과 제왕의 명령과 가르침을 모은 조칙집(詔勅集)과 보훈(寶訓)을 한 권씩 읽는다. 궁궐문은 4시에 열리며 일반 관리의 출근 시각은 6시로 대신들은 6시까지 궁궐에 입궐해야 한다. 천자는 7시까지는 아침식사를 끝내고 대신들과 만나서 정치를 논의한다. 특별히 알현을 청하는 자가 있으면 연이어서 접견하였는데 대개 오후까지 계속되곤 하였다. 만일 틈이 나면 학자를 불러 경서와 역사 강의를 듣는다. 아침이 빠른 대신 밤도 이른 것이 일반적인 습관이어서 보통 7~8시가

취침시간이었는데 근면한 옹정제는 밤 시간에는 지방관들이 보내 온 주접을 꺼내 읽고 답장인 유지를 쓰느라 바빴다. 매일 적어도 20~30통, 많을 경우는 50~60통까지 훑어보지 않으면 안되었다.

"짐은 뜻을 세움에 있어 몸소 근면하게 천하를 이끌어 나가겠다고 결심하였다. 보통 대소 신하가 보내온 상주문은 하나 하나 직접 답장을 쓴다. 그런 일이 어떻게 가능하냐고 의심하는 자들도 있는 듯하나 낮에는 대신과 만나거나 정무를 지휘하느라 몹시 바쁘고 마음도 안정이 안되므로 밤 시간을 여기에 할애하고 있다. 밤이 되면 주위가 조용해져 정신 집중이 잘 되기 때문에 지방에서 온 주접의 십중팔구는 밤에 읽고 답장을 쓴다. 이 편지도 지금 등불 아래서 쓰고 있다. 웬일인지 짐은 어릴 적부터 습관적으로 밤이 되면 마음이 차분해진다."

"경의 보고는 꽤 길기는 하지만 변명할 필요는 없다. 아무리 길어도 이처럼 유익한 보고라면 읽는 것이 즐거워서 피로를 잊어버린다. 수천 자의 긴 보고문이라도 길다고 해서 끝까지 읽지 않은 적은 한번도 없다. 군신간에 이런 식으로 마음을 쓸 필요는 없다."

"짐은 스스로 특별히 탁월한 군주라고는 생각지 않지만 그렇다고 해서 열등하고 우매한 군주라고도 생각지 않는다. 이 편지는 등불 아래서 쓰는 것이라 글자 모양이 엉망인데 비웃지는 말아 달라."

"어쩐지 주저하는 듯한 글귀가 있기에 이 답장을 쓴다. 시각은 벌써 자정을 지나고 있다."

　"처음 천자의 자리에 올랐을 때는 대신의 얼굴조차도 몰랐기 때문에 인물과 재능을 알아 보느라 실로 구한히 고심해야만 하였다. 정무도 분주해서 아침부터 밤까지 일각도 쉴 틈이 없었다. 그러나 생각해 보면 천하를 다스리는 일은 너무나 중대한 일이다. 이 한 몸을 아까워할 필요가 없다. 짐의 거실 입구의 액자에는 '爲君難'(군주가 되는 일, 지극히 어려운 것)이라는 세 글자를 써 놓았고 양쪽 기둥의 대련(對聯)에는

　　原以一人治天下

　　천하가 다스려지고 다스려지지 않고는 나 하나의 책임,

　　不以天下奉一人

　　이 한몸을 위해 천하를 고생시키는 일은 하지 않으리라.

라는 대구를 뽑아 써 두었다."

　"짐의 병을 걱정하여 정양하라고 권하는 뜻은 고맙기 그지없다. 그러나 건강은 양생의 문제이지 일하는 것과는 상관이 없다. 병은 기분에서 생긴다고 한다. 당연히 해야 할 일을 게을리 하면 기분이 나빠져서 오히려 병세가 악화된다. 다만 자신의 능력을 감안해서 열심히 일해야 한다. 짐은 그런 의미에서 양생하고 있으므로 걱정하지 말라."

이상은 옹정제가 지방관에게 보낸 답신 중에서 고른 것들인데 이것을 보면 그가 얼마나 묵묵히 근면하게 정치에 몰두하였는지 알 수 있다. 만일 지방정치의 핵심을 지적한 의견이 있으면 몇 천 글자가 넘는 긴 상주문이라도 피로를 잊고서 읽지만

적당히 붓끝을 놀려 만들어 낸 글로 책임을 때우려는 관리가 있으면 옹정제는 불 같은 성질을 터뜨렸던 것이다.

"짐은 하루 종일 문서를 보고 대신들을 지휘하느라 몹시 분주하지만 너희들의 상주문은 처음부터 끝까지 한 자도 빠뜨리지 않고 읽는다. 만일 보다가 안 보다가 할 요량이었으면 애당초 너희들한테 보고를 하라고 할 이유도 없다. 그러므로 너희 쪽에서도 짐의 다망함을 살펴 긴요한 것만을 골라 간단 명료하게 적어 보내라. 부하를 시켜 탁상 궁리의 작문을 짓거나 몇 냥, 몇 전의 세세한 용돈 출납장 같은 회계보고를 올리는 것은 짐을 방해하고 폐를 끼치는 일일 뿐이다."

"짐에 대하여 성인이니 뭐니 하는 의례적인 말을 늘어놓는 게 제일 싫다. 이런 쓸데없는 편지는 보는 시간이 아깝다."

실제로 옹정제는 여유가 없었다. 강희제는 정치에 싫증이 나면 강남의 풍경을 예찬하며 여러 번 운하를 건너 쑤저우(蘇州)나 항저우(杭州)까지 유람에 나섰다. 건륭제도 이를 따라 하였지만 옹정제는 단지 베이징 근교에 있는 시산(西山)의 별장에 가끔씩 가는 정도였을 뿐 그 이상은 한 발짝도 밖으로 나가지 않았다. 여하튼 일에 쫓기고 있었기 때문에 하루를 쉬면 하루분의 일이 밀려 다음에 더 고생을 하지 않으면 안되었던 것이다. 천자 자신이 이런 식이었으므로 지방관들에게도 무익한 여행을 하지 못하도록 하였다. 베이징에 가서 천자를 알현하고 싶다는 청원은 언제든지 거절당하게 마련이었다. 전근하는 관리들은 일부러 길을 우회하여 베이징에 들르지 말고 한시라도 빨리 새 임지로 직행하라는 명령을 받았다.

"짐을 만나러 와서 특별히 이렇다 할 가르침을 받을 일은 없다. 용건은 모두 편지를 통해서 전달하면 충분하다. 여기까지 오게 되면 헛되이 먼 여정을 왔다갔다 하는 것이 될 뿐이다. 게다가 지방을 비운 사이에 정무가 지체될 게 뻔하다."

이렇게 옹정제의 치세 13년 동안, 성실과 근면 그 자체와 같은 황제의 선도 아래 여러 가지 정무와 행정이 착착 성과를 올렸다. 이런 천자의 부림을 받게 되어 견딜 수 없다는 관리가 있는가 하면, 다른 한편에서는 이런 천자 밑에서야말로 일할 보람을 느낀다는 관리도 생겨나게 된다.

"천하의 재물은 만민을 위한 것이다. 천자 한 사람의 욕망을 위하여 쓰는 것은 불경스러운 일이다."

옹정제는 자신을 위해서는 궁전의 방 한 칸도 늘리지 않았다. 지방관이 하례장을 올리면서 비단을 사용하면 왜 이런 낭비를 하느냐고 하면서 종이를 쓰게 하였다. 천하의 정치를 위해 13년을 하루같이 일하고 또 일하였다. 이렇게 하는 것은 결코 쉬운 일이 아니며, 천명에 대한 자각이 있었기 때문에 비로소 가능한 것이었다. 또한 이렇게 하는 것이 결국은 만주족 전체, 그리고 선조 때부터 닦아 온 청조의 기초를 태산처럼 안정시킬 수 있는 유일한 방법이라고 믿었기 때문에 가능한 일이기도 하였다. 지방의 풍작소식을 들을 때마다

"하늘의 가호다. 감사할 일이다"

라고 하면서 자신의 일처럼 하늘을 향해 합장하며 감사를 올리는 그였다. 160만의 백성이 홍수에 쓸려 내려갔다는 보고를 받고는

"이렇게 많은 백성이 홍수에 휩쓸려 간 것은 너무나도 가여운 일이다. 이 죄 없는 백성들이 생각지도 않은 재앙을 입게 된 것은 너희 지방관의 책임이기도 하지만 짐의 책임이 더 크다"

며 사전 대비를 철저히 하지 못한 것을 깊이 자책하는 그였다.

5장

총독 삼인방

독재정치에서는 특권계층의 존재를 인정하지 않는 것을 이상으로 한다. 군주 앞에서는 대신도, 지방관도, 상인도, 농민도 모두 똑같이 신민이 되지 않으면 안된다. 그러나 실상 군주 혼자서 모든 정치를 해나가는 것은 불가능하기 때문에 결국은 방대한 관료조직을 필요로 하게 된다. 다만 관료란 오로지 천자를 도와서 백성의 생활을 보호해 주는 존재로 천자의 임무를 대행하는 데 불과하다. 군주가 자기 욕망을 위하여 백성의 재산을 허비하지 않아야 하는 것처럼 관료 또한 자신의 사욕을 위하여 정치를 행해서는 안된다. 관료는 천자와 백성을 위하여 존재해야지 관료 자신을 위하여 존재해서는 안된다.

그러나 실제 문제에 부딪쳤을 때 이것은 결코 쉬운 일이 아니다. 천자에게 위임받은 권한은 강대하였고 관료들은 걸핏하면 이것을 자기 자신을 위하여 이용하면서 백성을 전혀 돌보지 않았으며 심지어 백성을 착취하여 사욕을 채우는 일도 많았다.

관료들끼리 긴밀하게 연락을 취하면서 서로의 악행을 숨겨 주었고 이 과정에서 몰래 뇌물을 주고받거나 공금을 횡령하기도 하였다. 관료들이 서로의 체면을 세워 주고 결점을 덮어 주는 것이 오히려 미덕으로 간주되었다. 이렇게 해서 어떻게 손쓸 도리가 없는 관료사회의 부패 풍조가 만연하였던 것이다. 그 중에서도 가장 문제되는 것이 과거 출신자들이었다. 시험관과 급제자간에는 사제관계, 그리고 같은 해에 급제한 수험자간에는 동기생, 곧 동년(同年)이라는 끈끈한 연결고리가 형성되어 서로의 편의를 봐준다. 군주의 비위를 거스른다 해도 그렇게까지 큰일은 아니지만 이런 동료들 사이에서 배척당하면 평생 곤경에서 헤어날 길이 없다. 그만큼 이들의 단결, 이른바 붕당은 강고한 것이었다.

옹정제는 관료들이 본래의 사명대로 백성을 위한 정치를 행하고, 관료를 위한 정치를 중지하도록 하기 위해서 어떡해서든 과거 출신자의 단결을 깨버리지 않으면 안된다고 생각하였다. 그러나 천년이라는 긴 역사를 가진 과거제도를 갑자기 중단시키는 것은 불가능하다. 더구나 달리 대체할 만한 적당한 방법을 찾을 수가 없다. 요컨대 제도 자체보다는 운영의 문제인 것이다. 예로부터 "치법(治法)보다는 치인(治人), 곧 통치는 인재를 얻어서 비로소 가능한 것이지 법 여하에 달린 것이 아니다"라는 말이 있다. 인재의 측면에서도 마찬가지다. 과거 출신자라고 해서 모두 나쁜 것은 아니다. 다시 말해서 이는 쓰는 쪽이 어떻게 하는가에 달린 것이다. 옹정제는 인재를 발탁할 때, 공정한

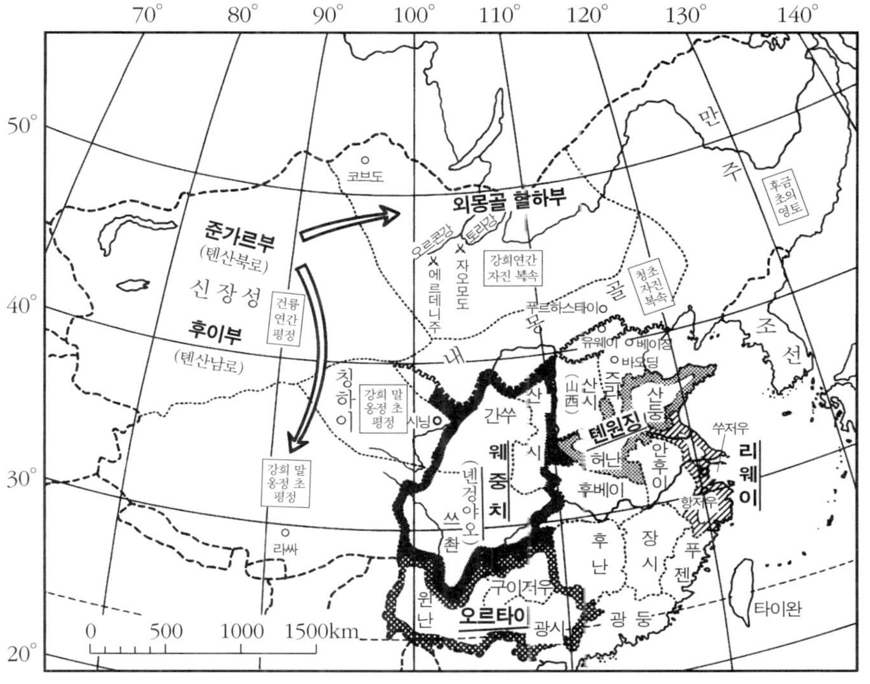

기준을 세워서 성적을 올리는 자는 승진시키고 무능하고 비뚤어진 자는 가차없이 면직시키면 관료사회의 기풍도 점차 일신하게 될 것으로 생각하였다.

"짐이 천하의 관리에게 고대하는 바는 모두 대공무아(大公無我, 공정하여 사사로움이 없다)라는 한마디 말로 요약할 수 있다."

"짐은 사람을 의심하는 일도 없고 사람을 믿는 일도 없다. 짐에게 신뢰받는 인물은 신뢰할 수밖에 없는 인물이며 짐에게 의심받는 인물은 스스로 의심받을 만한 처신을 하였기 때문이다. 상벌도 마찬가지다. 모두 자신이 초래한 것이지 짐이 정한 것이 아니다.”

이렇게 엄정한 시시비비(是是非非)의 원칙을 표방하였던 옹정제도 실제로는 혈안이 되어 인재를 찾고 있었다.

“인재를 찾는 것이 제왕의 제일 가는 고충이다.”

이렇게 절실하게 술회한 일이 있다. 자타가 공인하는 명석한 옹정제의 식견으로도 몇 번이나 속고 실패한 적이 있었던 것이다. 마지막까지 황제의 신임을 잃지 않고 변함없이 특별한 은총을 입었던 관료는 지방관으로는 톈원징(田文鏡), 리웨이(李衛), 오르타이(鄂爾泰) 세 사람을 꼽을 수 있다. 세 사람 모두 과거 출신자가 아니라는 점이 주목된다.

톈원징은 한군(漢軍) 출신이었다. 한군이란 한인이기는 하지만 청조가 만주에 있을 때부터 종사해 온 직속 신하로 과거를 거치지 않아도 특별임용의 길이 열려 있었다. 그는 옹정 초년, 오늘날의 국무총리 비서라고 할 수 있는 내각 시독(侍讀)이라는 관직에 있던 예순 살의 노인이었다. 황제의 명령으로 화산(華山)의 신에게 제사지내기 위하여 산시(陝西) 성으로 향하던 도중 산시(山西) 성에서 백성들이 기근으로 고통받고 있는 것을 목격하였다. 그러나 산시(山西) 성 지방관은 자신의 성적과 직결되는 문제였으므로 이 사실을 숨기고 조정에 보고하지 않고 있었던 것이다. 톈원징은 이것을 차마 그냥 지나칠 수가 없어서 천자에게 상주문을 올렸다. 놀란 천자는 급히 톈원징을 산시(山

西) 성에 특사로 파견해서 구휼에 나서게 하였고 피난민 70~
80만 명의 목숨을 구할 수 있었다.

　　"이 자는 쓸 만한 인물이다. 여태껏 한번도 평판에 오르지
　　않았던 인물이 아닌가?"
라며 옹정제는 눈여겨보았다. 일이 끝나자 그는 허난(河南) 성
의 재무관인 포정사(布政使)로 임명되었다. 그 뒤 곧 민정장관
인 순무로 승진하였으며 총독이 되어 약 10년간 허난 성을 다
스렸는데 천하 제일의 성적을 거두었다고 일컬어진다.

　　톈원징은 산시(山西) 성에서 굶주린 백성을 구휼하는 데 힘
쓰는 한편 지방관에게 지방의 재정을 정리하는 방안을 강구하
도록 권해서 천자에게 건의하게 하였다. 그 뒤 허난 성으로 옮
겨 와서 자유롭게 수완을 발휘할 수 있는 지위에 오르자 이 재
정 정책안을 모범적으로 실행에 옮겼다.

　　당시 관리의 봉급은 매우 적어 가족들의 생계조차 도저히 유
지할 수 없을 정도였다. 민정장관인 순무의 봉급이 1년에 은
150냥이었다. 당시 은 1냥은 쌀 6말(斗) 정도였는데 생활수준
이 높고 화려한 교제가 이루어지는 관료사회에서는 이 정도로
는 도저히 버텨 나갈 수 없었다. 이렇게 된 까닭은 옛날부터 중
국에서는 세입도 지출도 될 수 있는 한 기본급을 낮게 책정하는
것이 좋은 정치라고 간주되어 왔기 때문이다. 조세는 백성으로
부터 곡물과 은 등으로 징수하는데 거의 전부가 중앙 국고의 수
입으로 충당되고 지방세라고 하는 것은 전혀 고려되지 않았다.
원래 중앙의 국비에서는 고위 관리와 군대의 봉급이 지급되었

고 규칙상 지방비의 지출은 인정되지 않았다. 지방 관아의 유지비나 서기의 인건비, 사무비에 대해서는 아무런 규정이 없었기 때문에 각 지방마다 적당히 해나가라는 식이 되고 말았다. 그러자 지방에서는 법규로 정해진 국세에 몇 할의 부가세를 매기게 된다. 중앙정부에서는 이것을 인정하지는 않았지만 어쩔 수 없이 묵인해 주었다. 지방관들이 세금을 거두면서 얼마간의 부가세를 할증하는 것은 어차피 막을 수 없는 법, 조세액을 가능한 한 적게 책정해 두면 할증을 한다 해도 적당한 범위에서 그칠 것이다. 만약 필요한 양을 일일이 조세에 포함시키면 지방관은 또 그 위에 할증을 하기 때문에 백성의 부담은 더욱 커질 수밖에 없다고 생각하였던 것이다.

그런데 이 부가세는 중앙정부로부터 승인받은 것이 아니기 때문에 감독의 눈길이 전혀 미치지 않았다. 완전히 지방관의 자유재량에 맡겨져 있었던 것이다. 한편 지방관은 백성에 대해서 절대적인 권한을 행사하고 있었다. 자연히 부가세는 지방재정에 충당되기보다는 관료 개인이 횡령하여 써버렸던 것이다. 이것 역시 정부에서도 분명 예상하였던 일이었겠지만, 결국 이로 인하여 부족해진 지방재정은 백성들로부터 또 다른 부가세를 거두어 보충하였다. 따라서 부가세는 점점 한없이 늘어났다.

여기까지는 그나마 괜찮다고 할 수 있다. 문제는 부가세란 것이 법령에 의해 정해진 것이 아니기 때문에 결국 불공평하게 부과된다는 점이었다. 유력자, 특히 관리를 비롯해서 관청에 근무하는 서기인 이원(吏員) 등은 어떤 구실로든 부가세를 면제

받았고 그만큼의 액수가 또 빈곤한 농민에게 전가되었다. 이로 인한 사회적 영향은 심각하였다. 부익부 빈익빈 현상이 더욱 심해진 것이다.

한편 지방관은 결코 봉급만으로는 만족할 수 없었다. 백성으로부터 마음대로 거두어들인 부가세에서 봉급의 천 배(!) 이상을 착복하고 있었다. 허난(河南) 성 순무의 연봉은 은 150냥이었지만 실제로 은 20만 냥 정도의 수입이 있다는 것은 삼척동자도 다 아는 일이었다. 그러나 한편으로는 허난 성의 순무라고 하면 인구 약 500만을 다스리는 대관인데, 그 수입 정도에 대해서 왈가왈부할 바는 아니지만 문제는 그것이 초래한 결과였다. 조세 할증액이 법제로 규정되지 않고 오로지 그 지역의 관례에 따라 정해지다보니, 지방관의 마음먹기에 따라서는 관례가 얼마든지 바뀔 수 있었다. 윗사람이 정규 봉급 이오에 천 배 이상의 수입을 얻고 있는 마당에 말단 지방관리가 어떤 일을 하든 단속할 입장이 못되었다.

세월이 흐르면서 폐해가 더 심각해졌기 때문에 종태와 같이 될 수 있는 대로 조세 기준을 낮추어 백성의 부담을 가능한 한 가볍게 한다는 정책은 무의미해지고 말았다. 비록 제도적으로는 증세의 형식이 된다고 해도 한번 철저하게 세제를 정리해서 지방재정도 인정하고 지방관에게도 생활비를 지급하는 쪽이 오히려 백성을 위하는 길이었다. 톈원징은 과감하게 이런 새로운 정책을 제창하였고 허

난 성에서 이것을 실행에 옮겼다.

그러나 옹정제는 자기 대에 와서 공공연히 조세를 증액시켰다는 기록을 남기고 싶지 않았다. 이것은 조상 이래 있어 온 법을 파괴하는 행위이기도 하였다. 더구나 옹정제는 쑤저우(蘇州) 지방의 세금이 너무 과중하다고 해서 세액 45만 냥을 감면하고는 막대한 은혜를 베풀었다고 자랑하고 있던 참이었는데, 다른 한편에서 세금을 올린다면 말이 되지 않았다. 그래서 지방관에게 재정을 정리하도록 해놓고서도 천자의 명령이나 중앙정부의 지시가 아니라 어디까지나 지방관 개인의 발의에 의해 시행된 것을 천자가 사적으로 묵인해 준다는 형식을 취하였다. 그런 까닭에 재정 정리안의 원본은 지방관이 천자에게 보낸 서간, 곧 주접의 형태로 도착하였다. 천자는 답장에 의견을 쓰면서 허락한다고도 불허한다고도 하지 않았다. 따라서 모든 책임은 지방관이 질 수밖에 없는 상황이었다. 중국은 토지가 광대하고 지방에 따라 사정이 다르기 때문에 일을 획일적으로 진행할 수는 없다. 지방의 실정을 가장 잘 알고 있는 사람은 지방관 자신이므로 충분히 조사한 다음 모든 책임을 지고 해나가라는 것이었다.

톈원징은 전임 순무가 시작한 재정 정리방안을 그대로 따랐는데 허난 성의 조세액 은 300만 냥에 대하여 부가세 1할 3푼을 적용하여 약 40만 냥의 은을 마련하여, 여기서 지방재정을 충당하고 관료에게도 근무지 수당을 지급하였다. 순무에 대한 수당은 연간 은 3만 냥이었다. 이것은 본봉의 200배에 달하지만 순무 정도의 고관이 되면 가족도 많고 하인과 하녀도 다수 거느리고 있으므로 이 액수가 결코 많다고 할 수는 없다. 당시 고관의 가족은 하인들을 포함해서 적으면 사오십 명, 많은 경우는 사오백 명이 넘었다. 이 근무지 수당은 양렴은(養廉銀)이라고 불렀다. 관리가 청렴을 지키기 위한 수당이라는 의미이다. 각 성(省) 중에서 이 제도가 가장 빨리 완비된 곳은 톈원징이 통치하던 허난 성이었고 차츰차츰 다른 성에서도 이를 따르기 시작하였다. 양렴은 제도는 그후 청조 말기까지 전국적으로 행해져 청조 봉급제도의 하나의 특징을 이루게 된다. 옹정제는 어떤 편지에서 이렇게 말하고 있다.

"조세를 거두고 다시 중복해서 부과세를 징수하는 것은 원래 바람직한 일은 아니나 종래의 관행상 어쩔 수 없었다. 1할의 할증이 2할이 되고 양렴은이 수만 냥에 이르게 된다 해도 관리가 백성에게서 그 이상은 한 푼도 취하지 않고 양렴은 외에는 한 푼도 지니지 않으면 훌륭한 정치라고 할 만하다."

톈원징이 실시한 그 밖의 정책은 은닉한 개간지를 적발하고 전임자가 횡령한 보관물자를 다시 채워 넣었으며 체납된 조세를 독촉하는 것 등이었는데 모두 다 옹정제의 뜻에 맞았다. 원래 개간지는 정부에 신고해서 이에 해당하는 조세를 납부해야 하는데 지금까지 유력자들이 관리를 매수해서 개간지의 등기를 소홀히 하고 조세도 내지 않았던 것이다. 톈원징은 이것을 모두 찾아내 빠짐없이 등기하도록 하였다. 한편 톈원징은 지방관들이 자주 지방 창고에 보관된 조세의 일부를 착복하거나 액수를 속여 온 것에 대하여 단계적으로 장부를 조사하여 책임자를 적발해 내고 결손액을 배상하도록 하였다. 조세를 체납하는 사람들도 빈민들은 오히려 몇 명 안되고 유력자들이 대부분이었다. 이들은 관리들과 결탁하여 몇 년씩이나 세금을 체납하고도 재산을 압류당한 적조차 없었다. 톈원징은 이런 유력자 계급에 대하여 조금도 주저하지 않고 강제징수를 하였다.

옹정제가 인재를 갈망한 것처럼 톈원징도 인재를 구하려 애썼다. 원래 지방관의 인사는 모두 중앙정부에서 결정하였고 순무에게는 권한이 없었다. 순무는 단지 부임해 온 관리의 품행과 재능을 보고 성적표에 점을 찍을 뿐이었다. 톈원징은 양렴은 이외에 손을 대었다거나 정해진 부가세 이상을 착취한 부하를 보이는 족족 조정에 탄핵하였다. 순무 자신에게는 직접 부하를 파면할 권한이 없었기 때문이다. 수년간 톈원징이 성적 우수자로 추천한 부하 관리는 열아홉 명, 탄핵으로 파직시킨 관리는 스물두 명이었다.

지방 유력자들이 가졌던 기존 특권을 무시하고, 부하 관리에 대해 가차없는 태도를 취한 것은 예상대로 격렬한 여론의 저항을 불러일으켰다. 그러나 옹정제는 여기에 추호도 동요되지 않았다. 비난의 목소리가 높으면 높을수록 톈원징에 대한 옹정제의 신임은 더욱 두터워졌다. 그 사이에 여론은 점차 수그러들어 비난의 소리도 들리지 않게 되었다. 사실 허난 성에는 이제 불초한 관리는 존재하지 않았다. 유력자들은 불만이었지만 하층 백성은 살기 편해졌다. 1할 3푼의 부가세가 징수되기는 하였으나 종래 평균 7~8할의 할증액이 어디에 쓰이는지도 모르는 채 마구 징수되던 데 비하면 훨씬 부담이 줄어들었던 것이다.

　지난날 허난 성에는 총독이 없었고 민정장관인 순무가 최고 책임자였다. 옹정제는 톈원징을 위하여 특별히 총독직을 만들었다. 뿐만 아니라 톈원징이 산둥 성까지 관할하도록 허난·산둥 두 성의 총독으로 임명하였다. 이것은 옹정 6년의 일이었는데 톈원징이 산둥 성을 관할하게 되었다는 이야기를 듣자 산둥의 관리들은 엄청난 동요를 일으켰다. 모두 어딘가 켕기는 데가 있는 자들뿐이어서 톈원징의 탄핵을 피할 수 있는 사람은 하나도 없을 거라고 장담할 수 있을 정도였다. 옹정제가 제 아무리 근면하다 해도 적당한 인재를 얻지 못한 경우 산둥 성처럼 즉위 6년이 되도록 재무정리가 완전히 탁상공론에 그친 지역도 있었던 것이다. 옹정제는 처음부터 개혁을 일시에 전국적으로 단행하는 것이 무리라는 점을 알고 있었다. 먼저 톈원징에게 허난 성을 맡겨 잠자코 그 성적을 지켜보다가 하나의 모범적인 예로 만든 뒤 그 모델을 전국으로 확산시킬 심산이었던 것 같다. 허난 성의 톈원징 휘하에서 훈련을 받은 관리는 옹정제에게 발탁되어 전국의 요소 요소에 배치되었다. 허난 성은 마치 전국 관리들을 재교육하는 학교처럼 되어 버렸다. 여기까지는 좋았으나 옹정제가 허난 성에서 우수한 관리를 너무 많이 빼내 가버리는 바람에 톈원징은 비명을 지를 지경이었다.

　톈원징은 산둥 성 총독을 겸하면서 천자에게 청하여 일종의 덕정을 시행하였다. 곧 관리들에게 스스로 죄상을 인정하고 자수하는 자에 대해서는 지금까지의 나쁜 행적은 모두 불문에 부치겠다고 선언하였다. 그후 점차적으로 관리의 실태를 조사해서 인원을 교체해 나가자 산둥 성의 정치도 면목을 일신하였다.

옹정 6년 4월, 허난 성 멍진(孟津) 현의 어떤 평민의 처 쉬(徐)씨가 외지에서 온 무명 상인이 길에 떨어뜨린 은 170냥을 주웠다. 정직한 서씨와 남편은 주인이 나타나자 은을 주인에게 그대로 되돌려주었는데 상인이 보답으로 은 60냥을 주려고 하였지만 좀처럼 받으려 하지 않았다. 상인은 의리가 있는 인물이었기 때문에 지현에게 호소해서 꼭 답례를 받게끔 해달라고 부탁하였다. 이 이야기를 전해들은 톈원징은 크게 감동하여 자신이 직접 은 50냥을 내어 서씨를 포상하고 이 사실을 옹정제에게 보내는 서간문에 적어 넣었다.(독자는 이 이야기가 지금으로부터 200여 년 전의 일로 당시는 유럽에서도 대낮에 노상강도가 나타나던 시대였음을 상기해 주기 바란다.) 옹정제는 이처럼 기특한 일이 알려지지 않은 채 그냥 넘어가서는 안되겠다 싶어 특별히 정부를 통해 공식적인 칙어를 내려 천하에 공포하였다.

"예로부터 길에 떨어진 물건을 줍지 않는다는 것은 바로 세상이 잘 다스려지고 있다는 증거라고 하였는데, 지금 허난 성의 가난한 백성이 길에서 주운 은을 그대로 주인에게 돌려주고 답례를 마다한 것은 근래 볼 수 없었던 아주 진기한 일이다. 천자로부터도 다시 한번 포상을 받을 만하다"

라고 칭찬하며 서씨 부부에게 은 100냥을 하사하고 또 그 남편에게는 7품의 관리로 대우하는 상장을 내렸다. 한편 그 뒤에도 허난 성 상추(商邱) 현의 가난한 국수장수가 은 24냥을 주워서 주인에게 돌려주었다. 옹정제는 다시 칙어를 내려 국수장수에게 은 50냥을 주고 9품관의 관리로 대우하는 상장을 내렸다. 그 다음으로 대장군 푸르단(傅爾丹)의 병사가 은을 주워서 돌려준 일로 옹정제에게서 상을 받았다.

옹정제의 이런 행동에 대해서 너무 공상적이라든지 이렇게 상을 미끼로 천하의 백성을 모두 정직하게 만들겠다는 것은 어린아이 장난 같은 짓이라고 비웃기만 해서는 안된다. 옹정제의 목적은 다른 데 있었다. 상을 내린 대상은 빈민의 처 서씨도 아니고 국수장수도 아니었다. 포상의 목적은 다름 아닌 톈원징이 었던 것이다.

"어떠냐. 톈원징이 다스리는 허난 성은 이와 같다. 배우지 못한 빈민에게까지 교화가 미치고 있지 않은가. 천하의 총독들이여, 톈원징을 본받으라."

입밖에 내지는 않았어도 옹정제의 진의는 여기에 있었던 것이다. 빈민의 처를 포상하여 천하에 포고한 일은 실로 톈원징에게 최대 최고의 명예를 부여하는 것이었다.

여기서 간과할 수 없는 것은 톈원징이 옹정제로부터 이렇게까지 두터운 신임을 받은 데에는 하나의 우연적인 요인이 작용하고 있었다는 점이다. 옹정제는 본디 천명을 굳게 믿고 있었다. 정치가 잘 행해지면 하늘은 반드시 복을 내린다. 이것은 천기가 순조로운 것으로 알 수 있다. 일기가 불순하여 기근이 발생하거나 홍수가 일어나는 것은 어딘가 정치에 문제가 있기 때문이며, 천자와 함께 지방장관이 이를 책임지지 않으면 안된다. 하늘은 정치가에게 심각한 반성을 촉구하기 위하여 때때로 재난을 내리는 것이다. 이것은 옹정제에게 거의 신앙에 가까운 신념이었다.

텐원징이 부임하기 전까지 허난 성은 해마다 기근이 계속되어 백성들이 유랑하고 있었다. 그런데 텐원징이 부임하자 금방 기후가 순조로워져서 매년 풍작이 이어졌던 것이다.

"그것 보아라, 텐원징의 정치는 정치 보스들의 비난과 공격에도 불구하고 역시 하늘의 뜻을 얻지 않았는가"

라며 옹정제는 마음속에서 회심의 미소를 짓고 있었다. 이런 사고방식은 어떤 점에서는 일리가 있다. 곧 화베이(華北) 지방은 대체로 비가 적게 내리기 때문에 홍수가 날 정도의 강우량이면 오히려 풍작이 된다. 그러나 정치가 잘 행해지지 않아 백성이 곤궁에 빠지면 치수를 준비할 여유가 없어지므로 일기로 봐서는 풍작이 되어야 할 때에도 홍수로 수확을 망치고 만다. 홍수가 나지 않을 정도면 흉작이 되는 날씨이기 때문에 어떻게 해도 백성은 고통에서 벗어나기 어렵다. 만일 정치가 잘 이루어져 제방공사가 제대로 행해지면 홍수가 나더라도 이를 막아내고 충분히 풍작을 누릴 수 있다. 또 흉작이 될 날씨라도 백성의 생산의욕 여하에 따라 어느 정도의 수확을 얻는 것은 가능하다. 텐원징이 부임할 당시, 황허(黃河)에는 홍수가 자주 발생하였는데 다행히 둑의 붕괴를 막아내었고 이것은 곧 날씨가 작물에는 더할 나위 없이 좋았다는 것을 의미하므로 보기 드문 풍작이 이어졌던 것이다.

　그러나 날씨는 주기를 두고 순환하는 것이어서 옹정 8년 국지적인 흉작이 허난과 산둥을 덮치자 백성들이 후베이(湖北) 성으로 들어가 유랑하게 되었고 이 사실은 그곳 총독으로부터 천자에게 보고되었다. 이즈음 천자는 톈원징을 조금씩 의심하기 시작하는데, 이미 일흔에 가까운 노인이므로 기력이 쇠하여 이전처럼 적극적인 정치를 하는 것은 무리가 아닐까 생각하게 된 것이다. 사실 이때부터 톈원징은 건강이 나빠지기 시작하였고 스스로도 이를 느끼고는 사직을 청한다. 그러나 천자는 그를 위로하면서 당분간 그대로 직무를 보도록 하였는데 옹정 10년에 미증유의 대풍작이 있었다. 옹정제는 이를 기호로 톈원징의 사직을 허락하여 유종의 미를 거둘 수 있도록 하였으며, 얼마 후 톈원징은 병으로 세상을 떠났다. 천자는 특별히 허난 성에 명을 내려 사당을 세우고 톈원징을 제사지내도록 하였다. 그러나 옹정제가 죽은 후, 여기에 대한 반동적인 움직임이 일어나서 건륭제 초기에 지방관들이 이미 죽은 톈원징을 탄핵하는 사건이 일어났다.

　다음으로 옹정제의 신임을 얻었던 사람은 리웨이(李衛)이다. 그는 장쑤(江蘇) 성 쉬저우(徐州)의 호족 가문에서 태어나 연납(捐納)으로 관료가 되었다. 연납이란 돈을 내그 관직을 사는 것으로 과거에 합격하여 고전에 대한 교양을 자랑으로 삼는 사대부들은 연납 경력을 가진 관리를 방계 중에서도 가장 비천한 출신으로 여겨 상대하지 않는 것이 보통이었다. 그러나 현실적으로 보면 과거시험은 경쟁이 치열해서 대단한 수재가 아닌 이상 이로 인하여 일생의 정력을 완전히 소모해 버릴 위험이 있었다. 수재들 중에서 위대한 정치가는 거의 나오지 않는 법이다. 이에 반하여 매관(賣官)제도 출신자들은 자본을 투자하여 관료가 된 까닭에 보통 임관 후 쏟아 부은 밑천을 뽑아 내려고 하는 경우가 대부분이지만 그 중에는 특별한 독지가도 나타나는 법이다. 이들은 집안에 돈이 얼마든지 있기 때문에 관리의 봉급이나 부수입 같은 푼돈은 상대도 하지 않는다. 무슨 일이든 한 가지, 대장부로 태어난 보람을 느낄 만한 큰일을 하고 싶은데 그렇다고 과거시험 같은 번거로운 일에 매달리는 어리석은 짓은 하고 싶지 않다. 돈으로 문제가 해결된다면 돈을 내고 관직에 올라 보겠다는 마음을 먹게 된다. 리웨이는 그야말로 이런 부류의 사람이었다.

리웨이가 옹정제의 신임을 받게 된 것은 옹정 원년, 윈난(雲南) 성의 역체(驛遞)와 소금 전매를 담당하는 역염도(驛鹽道)라는 관직에 임명되면서부터였다. 그는 부임하자마자 부하 관리 10여 명과 무관 몇 명의 부정행위를 적발하여 처벌하였다. 이듬해에는 재무관인 포정사로 승진하였는데 관료들로부터는 갖은 비난을 받았지만 옹정제는 반대로 그를 점점 더 두텁게 신임하였다.

"경의 의견을 들으면 가슴이 후련해진다."

옹정제는 이렇게 리웨이를 칭찬하곤 하였다. 이 즈음 저장(浙江) 성에서는 해마다 기근이 발생하여 백성들이 식량을 구

하는 데 곤란을 겪고 있었다. 황제는 옹정 3년 10월, 리웨이를
저장 순무로 발탁하여 이 난국을 헤쳐 나가고자 하였다. 리웨이
는 부임하자마자 곧 양쯔 강 상류지방에 상인을 보내 쌀을 대량
으로 사들여 저장 성에 운반하도록 조치하여 보기 좋게 위기를
돌파하였다. 뿐만 아니라 리웨이가 부임하면서 이번에는 저장
성에서 매년 풍작이 계속되었다. 이로 인하여 옹정제의 신임이
더욱더 깊어졌음은 말할 나위도 없다.

　　같은 시기 인근 푸젠(福建) 성에서도 기근이 덮쳐 여기저기
서 폭동이 일어났다. 그럼에도 순무인 마오원취안(毛文銓)이
당황하여 허둥지둥댈 뿐 어쩔 줄 몰라 하자 인심은 점점 더 흉
흉해졌다. 놀란 옹정제는 수완이 좋기로 평판이 자자하던 가오
치쥐(高其倬)를 민저(閩浙) 총독으로 임명하여 푸젠 성으로 파
견하였다. 민저 총독은 푸젠과 저장 두 성을 관할하기 때문에
저장 순무인 리웨이도 당연히 그 밑에 있게 된다. 가오치쥐는
부임 도중, 리웨이를 만나 정보를 전해 듣고 저장 성에서 쌀을
수만 석 빌려서 푸젠 성으로 보내도록 조처한 다음 임지에 도착
하였다. 그런데 막상 도착해 보니 푸젠의 식량사정은 그 정도로
심각하지는 않았다. 순무 마오원취안이 당황해하는 틈을 타서
유력자들이 매점과 투기를 일삼았고 이로 인하여 쌀이 제대로
유통되지 않아 생긴 혼란이었다. 여기서 마오원취안이 당황하
였던 이유는 당연히 있어야 할 관청 보유 미곡을 어느 틈엔가
관리들이 횡령하여 창고에는 명목뿐인 대금만 남아 있을 뿐이
어서 창고에 비축된 미곡을 방출해서 쌀값을 조절하기가 불가

능하였기 때문이다. 그래서 가오치줘가 저장에서 쌀을 빌려 왔다는 이야기가 전해진 것만으로도 폭동은 진정되었다. 그런데 그 뒤가 좋지 않았다. 과거(科擧) 출신인 가오치줘는 그만 사사로운 정에 이끌려 푸젠 성 관리들이 저장 미곡을 횡령한 사실을 비호해 주려 하였던 것이다. 그래서 기근 구제 명목으로 각지에서 보내 온 쌀을 정부 창고에 그대로 쌓아두고 시장에 방출하지 않았기 때문에 쌀값이 전혀 내리지 않아 백성들은 조금도 혜택을 받을 수 없었다. 이를 알게 된 옹정제는 별도로 감찰관을 파견하여 푸젠 성의 재정을 전면 감사하도록 하였다. 그 결과 80만 석의 보유 미곡 중 53만 석이 횡령된 것으로 밝혀졌고 이에 대한 책임을 물어 50여 명의 관리가 탄핵당하였다. 이 일은 당연히 가오치줘가 직접 처리했어야 하였는데 다른 감찰관에 의해 적발되었기 때문에 가오치줘는 고개를 들 수 없게 되었다. 옹정제는 가오치줘를 푸젠 총독으로 전출하여 한 성만을 관할하게 하였고 리웨이를 저장 총독으로 승진시켜 저장 성에서 자유롭게 능력을 발휘하도록 하였다.

리웨이는 윈난에 있을 때 소금을 전매하고 감독하는 직책을 맡아 큰 성과를 올렸다. 저장 순무로 부임한 뒤에도 옹정제는 특별히 리웨이에게 소금 전매사업을 겸임하도록 하였다. 민정장관인 순무는 원래 소금 전매를 직접 관리하지 않았던 것이다. 저장 성의 해안지방에서는 소금이 생산되는데 이 소금은 저장 성뿐 아니라 장쑤 성 남부와 쑤저우 평야 일대에도 공급되는 것이 원칙이었다. 원래 정부의 소금 전매는 국고 수입이 제일 큰 목적이었던 만큼 판매가격이 대단히 비쌌다. 최소한 원가의 30배 정도로 팔았기 때문에 백성이 소금을 소비하는 것은 세금을 먹는 것이나 마찬가지였다. 따라서 필연적으로 밀매가 발생하게 된다. 헐값의 밀매 소금이 유통되면 비싼 정부 소금은 잘 팔리지 않게 되고, 자연히 국고 수입도 큰 타격을 입게 된다. 따라서 정부는 군대까지 동원해서 소금 암거래를 단속하였으며 소금 관련 암거래 행위에 대한 처벌은 대단히 무거웠다.

그런데 저장 성의 경우 관할이 다른 장쑤 성 지역으로 소금이 팔려 나가기 때문에 단속이 대단히 어려웠다. 장쑤 성의 소금 판매실적은 이 지역 관리들의 성적에는 아무런 영향이 없었고 전적으로 저장 성 관리의 성적으로 기록되기 때문이다. 이런 점으로 인하여 소금 밀매가 공공연히 행해져 상하이와 같은 신흥도시의 번화가에서조차 정부 소금은 단 1근도 팔리지 않는 실정이었다.

암상인이라고 한마디로 이야기하지만, 여기에는 피라미에서부터 거물급까지 존재한다는 것은 예나 지금이나 똑같다. 관헌에게 붙잡히는 사람은 고작 1되(升)나 2되를 거러하는 보따리 장수들이고 강고한 조직을 가진 거물들은 당당하게 활보하는 것 역시 예나 지금이나 조금도 다를 바 없다. 리웨이는 전매법을 확립하기 위해서 어떡해서든 이 거물들을 소탕해야겠다고 결심하였다.

리웨이는 암거래 단속을 위해 특별경찰대를 조직하였다. 여기서 대장으로 발탁된 것이 한징치(韓景琦)라는 인물이었다.

이 사람은 원래 표국(鏢局)의 주인이었다. 표국이란 금은이나 귀중품을 수송할 때 경비와 보호를 의뢰받아 무기를 휴대하고 호위하는 사업으로 힘이 세고 무예에 뛰어난 자들로 구성된다. 한징치를 대장으로 하는 특별경찰대가 요소 요소에 포위망을 펴고 단속을 시작하자 암상인들은 두려움에 떨었다. 이 경찰대는 압수한 암거래 소금을 팔아서 유지비를 충당하므로 밀거래가 없어지면 자연히 해산하게 되어 있었지만 암거래는 여간해선 없어지지 않았다.

암상인 중 최고로 유명한 두목은 뜻밖에도 여걸이었다. 선(沈)씨라고 하는 담력이 세고 무예가 출중한 여자로 수백 명의 부하를 거느리고 있었으며 여러 척의 큰 배에 소금을 가득 싣고서 쑤저우 평야의 크리크(creek)* 지대를 누비며 끝까지 혼자 힘으로 통솔하였다. 지방경찰대가 몇 번이나 선씨와 대결하였지만 매번 고배를 마실 수밖에 없었을 정도로 대단한 거물이었다. 리웨이는 반드시 이 여도적을 잡아야겠다고 마음먹었지만 여도적의 근거지가 관할 밖인 장쑤 성에 있었기 때문에 경찰대를 파견할 수가 없었다. 그래서 진원쭝(金文宗)이라는 장쑤 성의 관리와 긴밀히 연락을 취한 끝에 선씨가 부하를 해산시키고 은신처에 숨어 있는 것을 찾아내어 보기 좋게 검거하였다.

선씨의 자백에 따르면 그녀가 정부군과 싸워서 몇 번이나 치욕을 안겼는지는 헤아릴 수 없을 정도였다. 이것을 그대로 보고

---

* 중국의 평야지대에서 배수·관개·교통을 목적으로 파놓은 작은 운하─옮긴이.

하면 관리들 중에는 체면을 잃는 자가 적지 않을 것이다. 관할이 다른 성이었기 때문에 리웨이는 이들의 체면을 살려 주기 위해서 공식보고를 삼가지 않을 수 없었다. 다만 천자에게는 서신을 통해 일의 진전상태를 알렸다. 그런데 이 사건을 공적으로 처리하지 않는 한 이 여도적에게 사형을 선고할 수 없었다. 그래서 장폐(杖斃)라는 편의적인 조처를 취하게 되었다. 곧 지방관인 총독의 권한으로 장죄의 집행까지는 가능하므로 장형을 가하면서 급소를 때려 죽음에 이르도록 하는 것이다. 당시 실정상 불가피하다고 판단될 경우, 이런 처리방식은 거의 공공연히 시행되고 있었던 것 같다.

옹정제는 도적 잡기에 특별히 흥미를 가지고 있었던 듯하다. 그는 다음과 같이 말하고 있다.

"잡초를 뽑지 않으면 곡물이 성장할 수 없듯이 악한 자를 징벌하지 않으면 양민이 편안히 살 수 없다."

"요즘 지방관은 어떻게든 인명을 구하면 공덕이 쌓인다고 여겨 자기 내세의 복을 바라고서 겨우 잡은 대죄인을 풀어 주는 일이 더러 있는데 이는 대단히 잘못 생각한 것이다. 악한 자를 벌주어 다수의 선량한 백성이 안심하며 살아갈 수 있도록 하는 것이야말로 무엇보다 큰 공덕이라고 해야 할 것이다."

그러나 옹정제는 이런 이유말고도 도적 퇴치 자체를 즐겼던 것 같다. 만일 옹정제의 기분을 상하게 하였다면 이를 만회하는 방법은 불초한 관리를 적발해서 탄핵하거나 아니면 만만찮은 거물급 도적을 잡아 보고하는 길밖에 없다. 리웨이는 처음부터 이 두 조건을 모두 만족시켰다. 이번 경우에도 옹정제는 선씨를 장폐에 처한 것에 대하여 두말할 나위 없이 찬성하였다.

"법률은 운용의 묘를 살렸을 때만 비로소 효력이 생긴다. 법률에만 의존해서는 오히려 불공평해질 우려가 있고, 법률을 초월하였을 때야 비로소 공평해지는 경우도 있다."

이 말은 독재라는 정치형태에서 나온 필연적인 결론이라고 할 수 있을 것이다.

리웨이의 수완에 반해 버린 옹정제는 이어서 장쑤 성의 경찰권도 그에게 맡겼다. 저장 총독이면서 이웃 성의 치안유지 권한까지 겸임하게 되었던 것이다. 리웨이는 이를 사양하려 하였으나 받아들여지지 않았다. 원래 장쑤·저장이라는 지역은 가장 문화가 앞선 곳으로 인구도 많고, 톈원징이 다스리는 허난 성 같은 시골과는 달리 인심도 매우 사나워서 다스리기 힘든 지역이었다. 리웨이는 특히 도적 검거에 뛰어난 솜씨를 보였으며 부랑자를 단속하고 도적의 우두머리를 모조리 잡아들여 저장 성의 인심은 종전에 비하여 면목을 일신하였다는 평판이 돌았다.

옹정제가 직접 밀정을 이용하였던 것처럼 리웨이도 밀정을 써서 도적 검거에 성공하였다. 이것은 마치 독을 사용해서 독을 제거하는 것과 같은 방법인데 예전에 도적의 두목으로 있다가 은퇴한 하이다루(海大如)라는 자를 구슬려서 앞잡이로 썼다.

개심을 맹세한 하이다루는 도적들의 사정을 속속들이 알고 있어서 흉악범 체포에 단서를 제공하였다. 리웨이로부터 이 이야기를 들은 옹정제는 무릎을 치면서 기뻐하였다.

"경이 이 같은 지혜를 쓸 만한 인물이 아니었다면 특별히 내가 이웃 성의 경찰권까지 맡겼을 리 없다."

그렇다고 해서 리웨이가 도적 퇴치만으로 나날을 보냈던 것은 아니다. 넓은 중국 영토 내에서도 경제·산업의 중심지인 장쑤와 저장 성은 특히 정무가 번잡하였는데 리웨이는 과로로 피를 토하면서도 업무를 중단하지 않을 만큼 성실한 자세로 정치에 임하고 있었다.

옹정 10년, 리웨이는 즈리(直隷) 총독으로 임명되어 베이징에서 그리 멀지않은 바오딩(保定)으로 자리를 옮겼다. 리웨이가 저장 성을 막 떠나려는 순간에 해안에서 큰 해일이 일었다. 훌륭한 지방관이 버티고 있었기 때문에 횡포를 부리고 싶던 바다신(海神)도 지금까지 참고 있었던 것이리라. 옹정제는 뒤에 남은 저장 성 관리들에게 이렇게 훈계하였다. 리웨이가 부임한 즈리 성은 그때부터 풍년이 계속 들었고 특히 황제가 세상을 떠난 해인 옹정 13년은 대풍년이었다.

옹정연간 3인의 명총독 중 오르타이(鄂爾泰)는 만주인이라는 점 때문에 그에 대한 황제의 신임은 유별났다. 황제는 오르타이에게만은 어떤 일이라도 안심하고 털어놓았다. 옹정제가 오르타이를 알게 된 것은 아직 황자로 궁중에서 더부살이를 하고 있을 무렵 내무부 관리인 오르타이의 처소에 사람을 보내어 어떤 일을 부탁하였다가 사정없이 거절당하였을 때부터였다.

"황자 마마는 오로지 덕을 쌓고 공부에 여념이 없어야 합니다. 정치운동 같은 일은 부디 삼가십시오."

이 대답을 들은 옹정제는 오히려 이 사나이는 쓸 만한 데가 있다고 생각하였다. 즉위 후에 그를 발탁하여 윈난(雲南)과 구이저우(貴州) 두 성의 총독으로 임명하였다. 당시 이 지방에는 산간의 이민족인 먀오족(苗族)의 반란이 일어나고 있어 그 대책을 위해 특별히 오르타이를 파견하였던 것이다. 한편 그 남쪽에 위치한 광시(廣西) 성의 먀오족 역시 제대로 다스려지지 않았기 때문에 오르타이는 뒤에 광시 성까지 포함해서 세 성의 총독으로 임명되었다.

가장 변경에 위치한 가장 외진 땅에서 오르타이는 꾸준히 충실하게 일하였다. 특히 그가 만주족 출신이라는 점에서 옹정제는 한인 정치가를 견제하는 의미에서도 오르타이를 본받으라고 툭하면 입버릇처럼 말하였다. 그러나 이런 정략적 차원은 제쳐두고라도 역시 만주인끼리는 모든 걸 떠나서 마음이 맞았다. 오르타이에게 보내는 황제의 답장에서 이런 문장을 볼 수 있다.

"짐은 경의 상주문을 읽다가 불현듯 눈물이 흘러내렸다. 경은 진실로 좋은 신하다. 경 이외에 누가 이런 마음을 가지며 경이 아니면 누가 이런 말을 입밖에 낼 것인가. 경의 이 한마디만으로도 경의 선조들은 그 공덕을 입어 9대 조상까지 극락에서 명복을 누리게 될 것이다."

"짐은 실로 눈물을 머금은 채로 편지를 읽었다. 경은 짐의 완전한 지기다. 이토록 견식이 투철하고 이토록 짐을 신뢰하지 않고서는 누구도 경처럼 행동하지 못할 것이며 그럴 마음조차 먹지 못할 것이다."

"경의 편지는 한 글자 한 글자가 지극한 정성에서 우러나온 것으로 한 구절 한 구절 읽을 때마다 짐은 무의식중에 자세를 바로 하였다."

"천지에 맹세하고, 선조에게 맹세하고, 천지신명에게 맹세한다. 바라건대 우리 오르타이에게 복을 내려 오래도록 장수하고 후손이 번성하고 평안하며 바라는 일 어느 하나 빠짐없이 이루어지게 하소서."

옹정제가 오르타이에게 쓴 편지는 쓰는 방식부터 다른 것과는 달랐다. "눈물이 흘러내렸다"와 같이 나약함을 드러내는 표현은 다른 신하에게는 결코 사용하지 않았지만 오르타이에게 보내는 편지에는 서너 번씩이나 쓰고 있다.

지방관으로서 오르타이의 공적은 전술한 바와 같이 먀오족을 평정한 일이다. 양쯔 강 이남의 산간에는 옛날부터 먀오족이라고 총칭되는 이민족이 살고 있었는데, 샴인이나 버마인과 가까운 민족으로 한인이 평야를 개발하면서 점차 깊은 산속으로 쫓겨 들어가 청대 초기에는 쓰촨(四川)·윈난·구이저우·광시·후난(湖南) 성 변경의 산간지대에 살고 있었다. 이들 이민족은 독특한 씨족적 단결로 뭉쳐 있었고 족장의 통솔 아래 크고 작은 부락을 이루고 있었다. 그들 족장은 청조로부터 지방관과 같은 대우를 받고 관위도 수여받았는데 이것은 청조 정부로부터 직

접 선임되는 것이 아니라 세습제였기 때문에 토사(土司)라고
불린다.

그런데 중국의 인구가 증가하면서 토사와 가까운 지역에까
지 한인이 들어가게 되자 양자간에는 마찰이 빈번히 일어난다.
한인이 토사의 지역에 들어가 경작하고 그들의 토지를 빼앗는
가 하면 죄를 범한 자가 그들의 부락에 도망쳐 들어가 관헌의
눈을 피하는 일도 있었다. 또한 한인 인신매매 상인이 먀오족의
부락을 중간거점으로 해서 사들인 한인의 아이들을 낯선 지방
으로 끌고 가서 팔아 치우는 경우도 있었으며, 먀오족 중에도
이런 나쁜 짓을 돕는 자가 생겼다. 먀오족은 독화살을 가지고
있는데다가 총기를 구입해서 사용하였고 큰 부족의 추장은 대
포까지 가지고 있었기 때문에 범인이 먀오족 부락으로 도망치
면 추적하기가 어려웠다. 한편 먀오족 편에서 보자면 토사의 관
위를 상속받을 때마다 그 원서(願書)를 담당하는 중국 관리들
이 뇌물을 요구하였고 막대한 금전을 바치지 않으면 허가해 주
지 않았다. 이에 대한 분풀이로 한인 망명자를 환영하였고, 더
구나 망명자의 꼬임을 받아 한인지역으로 약탈과 납치를 하러
가는 일도 있었다. 이러한 상황은 언젠가는 철저하게 청산되어
야만 하는 것으로, 이는 결국 먀오족 토지의 내지화(內地化)를
의미하는 것이었다.

먀오족의 토지, 이른바 먀오강(苗疆)의 내지화는 전대부터
행해져 온 것으로 이를 개토귀류(改土歸流)라고 하였다. 토사
를 중앙정부에서 선임한 중국의 관리인 유관(流官)으로 바꾸어

서 유관의 관할로 돌아가게 한다는 의미이다. 여기에는 먀오족 쪽에서 자진하여 청하는 경우도 있었고 중국 정부가 무력으로 토벌한 끝에 이루어진 경우도 있었다. 오르타이는 세 성의 먀오족을 무력으로 토벌하여 개토귀류를 단행하였다. 이로 인하여 중국 국내에 속해 있으면서도 반독립상태로 남아 있던 지방 중에서 거의 구이저우만한 면적이 새로 완전한 청의 영토로 포함되었다. 오르타이가 떠난 뒤, 먀오족은 중국 관리의 통치에 반대해서 일제히 봉기하였다. 그 동란의 여파는 건륭 초기까지 이어졌으나 오르타이의 노력으로 이미 겉불은 끈 상태였기 때문에 금방 진압되었고 먀오족도 차츰 한화의 길을 걷게 되었다. 지금도 화난(華南) 지방에는 금(芩), 용(龍) 씨 등 먀오족 성(姓)을 가진 사람이 많은데 이 중에는 다수의 명사도 배출되고 있다.

옹정제는 즉위 8년째 수족처럼 신뢰하던 이친왕이 세상을 떠나자 그 허전함을 달래려고 이듬해 오르타이를 조정에 불러들여 국무총리에 해당하는 내각대학사로 임명하였다. 옹정제가 죽은 후 건륭제를 도와 건륭 초기의 조정을 꾸려 나간 것도 바로 오르타이였다.

이상의 세 사람 외에도 산시(山西) 성의 뉘민(諸岷), 쓰촨 성의 웨중치(岳鍾琪), 광둥 성에는 양원첸(楊文乾) 등의 명관이 있었고 모두 상당한 업적을 남겼으나 다른 몇 개 성은 옹정제의 치세 내내 결

국 이렇다 할 총독과 순무를 얻지 못하고 말았다.

여기서 한 가지 남는 문제는 옹정제가 지방장관과의 서신왕래를 통해 지방의 정치를 논의하였는데 과연 이 방법으로 지방의 실정을 제대로 파악할 수 있었을까 하는 점이다. 곧 편지 쓰는 기교의 우열에 의해 옹정제의 눈이 현혹되지 않았을까 의심할 수 있다. 분명 그런 경향이 있었던 것은 부정할 수 없을 것이다. 허난 성의 톈원징이 옹정제의 신임을 얻었던 것은 그의 사설 비서관인 막우(幕友) 중에 우(鄔) 선생이라는 사람이 옹정제의 마음에 들 만한 주접을 작성하는 요령을 알고 있었기 때문이라는 것이 한결같은 평판이었다. 혹자는 옹정제가 지방관이 올리는 주접에 대해서 어딘가 트집을 잡지 않으면 직성이 풀리지 않는 성격이라고도 하였다. 그래서 톈원징은 천자에게 주접을 올릴 때에는 어느 한 구석 빈틈을 마련해 두었다고 한다. 옹정제는 과연 그 허점을 발견해 내고는 바로 이것이다 하고 반박하는데, 하지만 중요한 곳은 그냥 지나쳐 버린다는 것이다. 그런데도 다른 지방관들은 그 요령을 터득하지 못하였기 때문에 어떻게든 결점을 없애는 데만 신경을 써서 주접을 작성하다가 오히려 가장 중요한 부분이 빠져 버려 실제 지방정치 운용에 큰 차질을 빚기도 하였다고 지적한다.

그러나 이것 또한 옹정제를 너무 얕잡아 보고 하는 말이다. 탁상에서 붓끝을 놀려 작성한 작문은 일시적으로는 황제를 속일 수 있을지 모르나 그렇게 오래 갈 수 있는 것은 아니었다. 옹정제는 이전에 다음과 같이 통절하게 털어놓은 적이 있다.

"만바오(滿保)와 황궈차이(黃國材)한테서 온 주접은 완전 무결하였다. 짐도 거기에 깜빡 속아서 길고 긴 답장을 써보냈다. 그들의 글을 보노라면 마치 꽃잎이 하늘에서 춤추며 내려오는 것처럼 아름다워서 짐도 몇 번이나 칭찬하며 특별히 은전을 베풀었고 청하는 일도 들어주었다. 그러나 뒤에 가서 그들이 무슨 일을 하였는지 살펴보면 한 가지도 몸소 실행한 일은 없었다. 이것을 떠올릴 때마다 짐은 부끄러워서 구멍에라도 들어가고 싶은 심정이다."

"싸이렁어(塞楞額)라는 자는 실제 정치는 완전히 내팽개쳐 두고 매일 밤늦게까지 고개를 갸웃거려 가며 짐에게 보낼 주접의 문장만 궁리하고 있었다. 책상에서 지어낸 글은 아무짝에도 소용 없다. 실행이 중요한 것이다."

곧 시종일관 실용주의를 중시하며, 아부하는 문장이나 알맹이가 없는 말을 극도로 혐오하였던 옹정제는 작문으로 속일 수 있는 천자는 아니었다. 또한 옹정제는 지방관의 상주문에만 의존하였던 것이 아니라 특기인 밀정 파견이라는 별도의 방법으로 지방의 실정을 파악하였기 때문에 황제를 속이는 것이 그렇게 쉬운 일은 아니었다.

"너희들 지방관이 작당해서 짐의 눈을 현혹시키려 마음먹었다면 어디 그렇게 해보라. 짐은 정확한 정보를 손에 넣는 방법을 따로 마련해 두고 있다."

이렇게 거리낌없이 공언하는 천자를 만만하게 보았다가는 큰코다치게 된다.

옹정 10년(1732)에 천자가 거실에 산더미처럼 쌓인 지방관의 상주문과 거기에 직접 회답을 써넣은 문장을 정리해서 『주비유지』(硃批諭旨)라고 이름 붙여 출판하기로 마음먹은 것은 앞서 이야기하였다. 옹정제가 왜 이것을 출판하려 했을까? 후세의 지방관들을 위해 정치에 참고가 되게 하거나 자신의 고심의 흔적을 후세에 전하고 싶었기 때문인 것으로 보이나 그 밖에도 간과할 수 없는 하나의 동기가 있다.

그것은 바로 과거 출신자의 폐습에 일침을 가하기 위함이었다. 원래 중국은 문자의 나라로 문인은 동시에 정치가이며 정치가는 동시에 문인이기도 하다. 바로 이 때문에 고전을 배우고 문장을 익혀 우수한 성적으로 과거에 급제한 자가 관계(官界)에 진출해서도 척척 순조롭게 박자를 잘 맞춰 출세한다. 그들의 필생의 소망은 정치가로서 고위 관직에 오름과 동시에 문인으로서 이름을 후세에 남기는 것이었다. 그런 연유로 유명한 인물은 대개 자신의 문집을 출판하기 위하여 준비를 한다. 이런 문집에는 시나 미문(美文) 외에도 주의(奏議)라는 항목이 포함된다. 주의란 곧 천자에게 올리는 상주문이다. 때에 따라서 주의에는 자신의 정치적 입장을 옹호하기 위하여 군주에게 폐가 되는 일도 거리낌없이 쓴다. 심한 경우에는 단순히 문집을 그럴 듯하게 보이기 위하여 타인과 천자에게 해로운 일을 격한 어조로 서술함으로써 일부러 자신의 강직함을 가장하려는 것조차 있다. 옹정제는 문인들의 이러한 기풍을 엄청나게 싫어하였다. 이들은 옹정제의 재위 중에는 황제에게 제압당하여 몸을 사리

고 있겠지만 황제 사후에는 자신의 문집을 출판허서 득의양양
하게 황제의 잘못을 소리 높이 떠들며 스스로를 비호하려 들지
도 모른다. 그렇다면 이쪽에서 먼저 선수를 쳐서 황제와 신하
사이에 오고 간 문서를 완전히 공표하여 이들이 황제로부터 얼
마나 심하게 야단을 맞았으며 그것에 대하여 찍소리도 내지 못
하였는지 그 실상을 천하에 드러내 보일 필요가 있다. 옹정제가
당시의 유명한 문인 정치가 천스관(陳世倌)에게 토낸 답장에서
이런 문장을 발견할 수 있다.

　　"천자로부터 명령받은 일은 열심히 실행하지 않으면서 쓸
데없는 일에 참견할 틈이 어디 있는가. 또다시 옛날 버릇이
나와서 자기 문집을 장식할 욕심에 한마디 멋들어진 말을 해
보겠다고 우쭐거리는 것이 분명하다."

　　"너는 이런 상주문을 올린 뒤 이 문장을 문집에 실어 세상
사람들에게 갈채를 받으려는 심산일 것이다. 그럴 테면 어디
그렇게 해 봐라. 단 짐으로부터 심하게 질책당한 이 답장도
문집에 함께 실어서 출판하도록 하라."

　　옹정제의 주비유지 출판은 바로 황제 스스로가 천스관에게
내린 답장을 그대로 실행에 옮긴 것이다.

　　이렇게 해서 나온 『옹정주비유지』 112책은 옹정제의 지방정
치에 대한 고심의 결정체이며 황제 개인의 사상과 정치방침을
살펴볼 수 있는 동시에 당시의 사회상을 보여주는 가장 신뢰할
만한 귀중한 사료이다. 또 문장도 대단히 재미있어서 아무리 읽
어도 싫증이 나지 않을 정도다. 이렇게 많은 상주문을 샅샅이

읽고 읽은 뒤에는 꼼꼼하게 문자를 바로잡아 답장을 쓴 노력만도 경탄할 만하지만 여기 출판된 것이 극히 일부분에 지나지 않는다는 점에서 옹정제의 절륜한 정력에 더더욱 놀라게 된다. 동시에 이것은 허영이나 야심이 아니라 진정으로 확고한 신앙, 곧 천명에의 귀의가 없었다면 아무리 정력가라도 도저히 불가능한 신기였다고 하지 않을 수 없다.

당시 중국에 체류하고 있던 서양 선교사들에 의해 중국의 실상은 상세하게 유럽에 전해졌다. 17~18세기의 유럽은 바로 중국과 비슷하게 절대 전제군주의 지배하에 있었다. 그런데 유럽에서는 국왕이 그리스도교의 수호자라는 점을 그 절대권을 보장하는 이론적 근거로 삼고 있었기 때문에 이윽고 눈을 뜨기 시작한 국민 대중은 국왕의 지배와 함께 교회의 권위에 대해서도 비판의 시선을 돌리기 시작하였다. 여기서 중국의 실정이 소개되자 유럽의 지식인은 세계의 동쪽 끝에 종교의 예속을 받지 않는 문명국이 있다는 것을 알고 놀라워하기도 하고 의아해하기도 하였다. 그 중에는 중국과 같은 군주 정치체제야말로 이상적인 정치방식이라고까지 격찬하는 사람도 있었다.

옹정제의 정치방식은 당연히 유럽인의 귀에도 들어가서 그리스도교에 대한 탄압과 민생안정을 위한 헌신적인 노력이 동시에 이들의 화제에 올랐다. 프랑스의 볼테르에 비견되는 스페인의 사상가 고에스는 옹정제에 대한 세인의 비난에 대하여 다음과 같이 옹정제를 두둔하고 있다.

"선교사가 전하는 바에 따르면 이 중국 황제는 대단한 절약가라고 한다. 홍수 등의 천재에서 희생자를 구할 때말고는 조금도 재화를 낭비하지 않는다는 것이다. 그는 자신에게 축하의 뜻을 표하기 위해 열리는 연회도 거부한다. 또 그는 자신에 대한 송사를 새긴 기념비를 세우는 것도 허락하지 않는다. 그는 누구보다도 솔선해서 자신의 의무를 수행한다. 그가 원하는 바는 모든 사람이 자신처럼 각자의 의무를 다하는 것이다. 분명 이 황제는 그리스도교의 전도를 금지하였다. 이것이 유감스러운 일임에는 틀림없다. 그러나 그가 종교에 대해 눈뜨지 못하였다고 해서 그의 인자함과 검소함을 칭송하는 것을 꺼리면 안될 것이다."

"그리스도교를 박해한다고는 하나 옹정제가 정치에서 보여준 인자함과 덕은 완벽하다고 해도 과언이 아니다. 우리는 그리스도교에 박해를 가한 트라야누스를 위대한 황제로 인정하는 데에는 인색하지 않은데, 이 로마 황제에게 베푼 공평함을 중국 황제에 적용하는 데 있어 주저할 까닭이 어디 있겠는가?"

유럽인들에게 당시의 중국은 일종의 유토피아로까지 간주되었다. 중국의 유교 정치철학은 유럽에 소개되어 현인정치의 모범이라는 찬사를 받았다. 이렇게 유럽의 사상계를 움직일 수 있었던 것은 바로 옹정제의 업적과 같이 당시 세계 수준을 몇 단계 뛰어넘는 훌륭한 실제 증거들이 뒷받침되었기 때문에 비로소 가능하였던 것이 아니었을까?

6장

충의는 민족을 초월한다

충의는 민족을 초월한다

만주의 이민족이 청조를 세워 중국의 주인이 된 사실은 중국인들에게 오랑캐를 배척하는 양이적인 적개심을 불러일으킬 수밖에 없었다. 이것은 청조로서는 심각한 문제였기 때문에 늘 여기에 신경을 곤두세우지 않을 수 없었다. 바로 이런 사정으로 청조에서는 종종 비참한 필화사건이 일어났던 것이다.

청조는 중국식의 독재 정치체제를 채택하려고 하면서, 만주에서 같이 온 만주족이 특권계급화되어 왕조가 이들만의 공유물이 되거나 만주족 전체가 중국 백성 위에 군림하는 식의 체제가 되는 것을 바라지 않았다. 청조는 만주인에 대해서도 독재군주이며 중국인에 대해서도 역시 독재군주여야 한다. 차라리 만주인과 중국인을 두 개의 지주로 삼아 그 세력균형 위에서 안정을 꾀하는 것이 바람직하다. 그렇다고는 해도 만주인은 인구가 적고 문화도 뒤떨어졌으며 단지 무력이 강하다는 것만이 강점

인데 이것 역시 대포같이 선진적인 무기가 보편화되기 시작하면 힘을 잃는 것이므로 전반적으로 볼 때 만주의 실력은 그리 미덥지 못한 것이었다. 그러나 청조 자체는 만주인으로 이루어진 왕조이므로 만일의 경우 의지할 데는 역시 만주인밖에 없다. 만약 중국인이 만주인을 오랑캐 취급하고 모욕하는 일이 생기면 청조도, 만주인도 중국에서 자신들의 지위를 지킬 수 없게 된다. 그러므로 청조는 어떤 수단을 써서라도 중국인의 양이사상을 근절하려는 정책을 펼칠 수밖에 없었다. 한족 왕조라면 그다지 큰 문제가 되지 않을 일이 청조에서는 중대사건으로 취급되어 필화사건으로까지 비화되었던 것은 이런 연유 때문이다. 옹정연간의 필화사건은 크게 두 종류로 나뉘는데 하나는 단순히 조정을 비방한 것과, 다른 하나는 명백히 양이적인 언론에서 야기된 것으로 어느 쪽이건 그 저류에는 민족문제가 공통적으로 잠재해 있다고 보지 않으면 안된다. 최초의 필화사건은 녠겅야오의 실각과 관련된 왕징치(汪景祺) 사건이었다.

청조 초기부터 외몽골의 서북쪽 알타이산 기슭, 톈산산맥의 북쪽에 자리잡은 유목민족인 준가르부가 강성해지기 시작하였다. 강희제 때 준가르부가 외몽골을 공격해 오자 외몽골의 할하 부족은 청조에 항복하여 보호를 구하였고 강희제는 외몽골로 친정을 나가 준가르부의 영웅 갈단을 격파하였다. 외몽골은 이때부터 비로소 중국에 진정으로 복속하게 되었다.

외몽골로 손을 뻗치려다 저지당한 준가르부는 남으로 세력을 뻗쳤다. 톈산남로는 일찍부터 준가르에 항복한 상태였기 때문에 거기서 쿤룬산맥을 넘어 티베트를 정복하였다. 강희제 말년, 십사아거가 대장군이 되어 준가르부의 군대를 칭하이(淸海)에서 격파한 것은 앞에서 이야기한 대로이다. 이 십사아거를 도와 실제로 군사를 지휘한 것은 산시(陝西)·쓰촨(四川) 두 성의 총독 녠겅야오였다. 녠겅야오는 한인이지만 역대 청조의 직계 신하인 한군 출신으로 문필에도 뛰어난 인물이었다. 녠겅야오 휘하의 군대는 준가르부의 병사가 패주하자 뒤를 쫓아 티베트에 들어가 전 지역의 평정에 나섰다.

옹정제가 즉위하면서 십사아거가 베이징에 소환되자 녠겅야오가 그를 대신해서 대장군의 지위에 올랐다. 녠겅야오의 누이는 옹정제의 후궁이었고, 황제의 총애를 입어 귀비의 지위에 올라 황후 다음 가는 고귀한 자리에 있었다. 그런 관계로 옹정제의 권력이 확립되기까지 녠겅야오가 대군을 장악하고 멀리서 후원을 보내준 것이 황제의 입장을 보다 유리하게 해주었다는 것은 의심의 여지가 없다.

그러나 옹정제가 베이징에서 주권자로서의 지의를 점점 안정시켜 가면서 녠겅야오의 권력이 너무 강대해진 것이 곤란한 문제로 떠오르기 시작하였다. 특히 옹정 원년 연말에 칭하이 지역에 반란이 일어났을 때 녠겅야오가 부하인 웨중치(岳鍾琪)를 시켜 이 폭동을 진압하면서 녠겅야오의 권세는 점점 더 커지는 것으로 보였다. 엽관(獵官) 운동자들은 앞다투어 녠겅야오에게 달려가서 그의 추천으로 관직을 얻었다. 또 조정에는 대신 롱고도(隆科多)가 녠겅야오와 연결되어 인사를 좌우하고 있었다. 이는 독재군주가 묵과할 수 없는 일이었다.

녠겅야오가 산시 성에서 상주문을 보내면서 옹정제에 대하여 '석양조건'(夕陽朝乾)이라는 구절을 썼다. 이것은『주역』(周易)에 나오는 '조건석척'(朝乾夕惕), 곧 '아침에도 근면, 저녁에도 근면'이라는 뜻으로 인용하려고 하였다가 잘못 쓴 것이었으나 옹정제는 이것을 보고 벌컥 화를 내었다.

"역경의 문구인 '조건석척'(朝乾夕惕)이라면 이해할 수 있지만 녠겅야오는 일부러 '석양조건'(夕陽朝乾)으로 바꾸고 더구나 글자까지 틀리게 썼다. 녠겅야오는 독서인이므로 실수로 틀렸을 리 없다. 이것은 추측컨대 짐의 행위가 '조건석척'(朝乾夕惕)에 맞지 않으며 오히려 그 반대라는 뜻일 것이다. 그러면 그렇다고 확실히 밝히라."

이것은 완전히 생트집을 잡는 것처럼 보일 수도 있으나 실은 녠겅야오의 지금까지의 갖가지 나쁜 행적, 특히 천자의 대권을 침해한 갖가지 증거가 옹정제의 수중에 포착되어 있었던 상황에서 이제 이것을 들추어 낼 기회가 찾아온 것에 지나지 않았던 것이다.

"녠겅야오는 간쑤(甘肅) 성 순무로 후치헝(胡期恒)을 추천하였는데 짐이 면접해 보니 정말 형편없는 폐물이었다. 또 진난잉(金南瑛)을 탄핵하였는데 이 사람은 이친왕이 추천한 확실한 인물이다. 녠겅야오는 후치헝과 같이 부리기 쉬운 인

물을 수하에 두고 자신의 나쁜 짓을 숨기려는 술책이었던 것
이다."

"녠겅야오는 자신의 부하가 티베트의 번민(藩民)에게 힘
든 노역을 시키다가 이들의 배반을 불러왔던 경위에 대하여
짐이 추궁하자 그 전에 이미 보고를 마쳤다고 발뺌하였는데
실은 한번도 보고한 적이 없다. 왜 이런 거짓말을 하였는가.
분명히 대답하라."

그러나 실제로는 대답할 사이도 없이 녠겅야오는 면직당하
였다. 그리고 항저우(杭州) 장군으로 좌천되어 임지르 향하던
도중 옹정제로부터 힐문하는 조항들이 비오듯이 쏟아졌다. 소
금 전매권에 관련된 추문들, 관리 모욕사건, 군사비 횡령죄, 죄
없는 백성을 살육한 사건, 인사이동의 불공평성 등 전부 다 헤
아리면 10여 개 항에 달하였다.

한편 녠겅야오는 옹정제가 어떠한 천자인지에 대한 인식이
부족하였다. 그는 강희시대의 관대한 정치에 익숙해져 있었기
때문에 비록 다소간 힐책을 받더라도 발군의 군공을 세운 뒤였
고, 또 그 누이는 옹정제가 총애하는 귀비였기 때문에 처벌이
대단치 않게 끝날 거라고 안이하게 생각하였던 것 같다. 그는
재임 중에 모아둔 산더미 같은 재산을 수레 20대와 배 70~80
척에 나누어 싣고 항저우로 향하면서 가는 곳마다 지인들에게
맡겨 보관을 부탁하였는데, 자칫 잘못되더라도 이 재산으로 일
생을 편안하게 살 작정이었다. 항저우에 도착하였을 때에도 그
일행은 가족 100명을 포함해서 천여 명, 하인 밑에 다시 하인이

딸려 있을 정도의 대단한 형세로 완연히 제왕의 행렬이었다. 옹정제가 지방관에게 명하여 녠겅야오의 재산을 조사해 보니 부동산만도 토지가 297경(頃),* 건물은 1,020칸에 달하였다. 이를 전해들은 옹정제는 더더욱 분개하였다.

옹정제가 철저히 녠겅야오의 죄를 추궁하겠다는 의지를 분명히 보이자 관리들은 앞 다투어 녠겅야오의 죄상을 파헤쳤다. 한 건마다 녠겅야오의 작위와 관직 계급이 강등되어 곧 항저우 장군의 직무를 박탈당한 뒤 일개 평민의 지위로 격하되었다. 그럼에도 여전히 죄상이 더해지자 정부는 이것을 모아 일괄적으로 녠겅야오를 탄핵하였는데, 대역죄 5건, 기망(欺罔)죄 9건, 참월(僭越)죄 16건, 광패(狂悖)죄 13건, 전권(專權)죄† 6건, 탐욕죄 18건, 횡령죄 15건, 가혹 행위죄 6건, 잔학죄 4건 등 합쳐서 92개항에 이르는 죄상이 열거되었다. 결국 녠겅야오는 참수형을 면하는 대신 자살하도록 하였고 장남인 녠푸(年富)는 사형, 열다섯 살 이상의 남자는 유배, 재산은 모두 몰수하라는 판결이 내려졌다. 옹정 3년 12월의 일이었다.

여기서 측은함을 금할 수 없는 사람은 녠겅야오의 누이 녠귀비다. 오빠의 재판에 앞서 녠귀비의 병환이 발표되었다. 만일 귀비가 병으로 죽으면 한 단계 위인 황귀비의 예로 장례를 치르라는 명령까지 내려졌다. 예고된 병사(病死)가 무엇을 의미하

---

* 1경은 100무(畝)이며, 1무는 693.6m²이다—옮긴이.
† 기망(欺罔)죄는 남을 속인 죄, 참월(僭越)죄는 자신의 분수를 모른 죄, 광패(狂悖)죄는 인륜에 어긋난 포학죄, 전권(專權)죄는 권력을 마음대로 휘두른 죄이다.

는지는 물어보지 않아도 뻔한 일이다. 이 비극은 녠귀티에게는 물론이고 옹정제에게도 엄청난 비극일 수밖에 없다. 득재군주는 가정생활조차 희생하도록 요구받았던 것이다.

녠겅야오가 탄핵된 죄목 중 가장 무거운 죄인 디역죄에 왕징치가 연좌되어 있는 사실에 주목할 필요가 있다. 왕징치는 녠겅야오의 개인 서기로 당시 유명한 문인이었다. 그는 녠겅야오의 초청을 받아 서역으로 향하면서 그때의 견문을 『서정수필』(西征隨筆) 속에 기록하였는데, 녠겅야오는 그 중에 대단히 참월한 내용이 있다는 것을 알고 있으면서도 적발하지 않았다는 것이다. 이 책은 물론 청조로부터 즉시 금서처분을 받았기 때문에 어떤 내용이 쓰어 있는지 알 수 없었으나, 얼마 전 이것이 베이징의 고궁에서 발견되었다.

오늘날 이 책을 보면 옹정제가 읽고 분개할 만한 부분을 여러 곳에서 찾을 수 있다. 예컨대 한어와 한문이 통하지 않는 만주인이 지방관이 되니까 자연히 각 지방의 정치가 혼란에 빠지게 되었고 그럼에도 백성들이 모반을 일으키지 않고 넘어간 것은 완전히 요행으로 보는 게 좋을 것이라고 하였으며, 더구나 옹정제의 정적인 녠겅야오가 산시 총독이 되면서 정치가 몰라볼 만큼 잘 행해졌다라는 내용도 덧붙여져 있다. 아마도 옹정제가 가장 분노한 것은 여기에 포함된 다음과 같은 일화였을 것이다.

"강희제가 항저우로 순행하는 길에 두자오(杜詔)라는 서생이 시를 바쳤는데 황제는 이것이 가음에 들어 답으로 비단에 쓴 친필 시를 내렸다. 그것은 '구름은 엷고 바람은 가벼워 정오에 가까운 하늘 운운' 하는 네 구의 시였다. 어떤 사람이 이것을 들고 조롱하는 시를 지었다.

皇帝揮毫不値錢

황제의 휘호는 한푼 가치도 없노라

獻詩杜詔賜綾箋

시를 바친 두자오에게 답장을 내렸으나

千家詩句從頭寫

소학(小學)의 문구를 그대로 썼네

雲淡風輕近午天

구름은 엷고 바람은 가벼워 정오에 가까운 하늘이라고

이것은 좀 정도가 지나친 것으로 옹정제가 아니라도 분개할 터인데 상대가 천자인 만큼 일이 커져 버렸다. 게다가 강희제의 학문이 유치하다고 폭로한 것이어서 이민족이라는 이유로 자칫 중국의 문화인으로부터 멸시당하지는 않을까 노심초사하고 있던 청조의 천자에게는 울화가 치미는 것이었다. 왕징치는 참수형에 처해졌고 처자는 만주의 북쪽지방으로 끌려가 노예가 되었다. 왕징치는 이 책 서문에서

"내 의견이 편파적인 것은 태어날 때부터 그런 것이라 어쩔 수 없고 논의가 상궤를 벗어남은 세상 사람들로부터 이렇게 이끌려져 온 터라 이것 역시 어쩔 도리가 없다"

라고 써 놓은 것으로 보아 그 자신도 스스로의 결점을 잘 알고 있었던 것 같다. 옹정제는 이 책의 표지를 넘기면서

　　"이런 자가 있다는 것을 지금까지 몰랐다는 것이 지극히 유감이다"

라고 덧붙여 써놓았는데 이것이 먹빛깔 선명하게 남아 있어 지금도 읽을 수 있다.

녠경야오 사건에 연좌된 또 한 사람의 문인은 첸밍스(錢名世)였다. 당대의 유명한 문장가였던 그는 녠경야오어게 시를 보내 티베트 평정의 공을 찬미한 것이 당장 옹정제의 역린(逆鱗)*을 사고 말았다. 첸밍스에게는 유별난 처벌이 내려졌다. 옹정제가 직접 '명교죄인'(名敎罪人, 도덕상의 죄인)이라는 글자를 휘호하여 액자로 만들어 그의 집 문에 걸게 하였던 것이다. 또 조정 관리 중 문장이 뛰어난 자들에게 각각 첸밍스의 추한 행실을 성토하는 시문을 짓도록 명령하여 책으로 엮게 하였고 이 책을 첸밍스에게 내려 첸밍스 자신이 자비로 출판, 전국의 학교에 한 부씩 배포하게 하는 등 대단히 기발한 방법을 고안해 내었다. 이 책의 서문은 옹정제가 직접 썼다.

이어서 일어난 필화사건은 '자쓰팅(査嗣庭)의 옥'이었다. 자쓰팅은 조정의 관리로 과거의 첫 단계인 향시(鄕試)의 시험관이 되어 장시(江西) 성에 파견되었는데 시험문제 안에 '유민소지'(維民所止)라는 구절을 넣었다. 이것은 『시경』(詩經)에 나오

---

* 용의 턱 밑에 거슬러 난 비늘을 건드리면 용이 크게 노한다는 전설에서 나온 말로 '임금의 분노'를 뜻한다—옮긴이.

는 문구로 '여기 백성이 있는 곳'이라는 뜻인데 '維止'라는 두 글자가 바로 '雍正'의 머리를 날려 버린 글자라고 폭로하는 자가 나타났다. 옹정제는 단지 이 정도의 일로 그에게 죄를 물을 수는 없었지만 그의 집을 수색한 결과 일기가 두 권 나왔는데 거기서 강희제의 정치에 대한 비난이 발견되었다. 그러나 이 사건은 아무래도 대역죄로 처벌하기에는 증거가 불충분하였던 것 같다. 그러던 중 감옥에 구금되어 있던 자쓰팅이 옥사하고 말았다. 그 뒤 판결이 내려져 시신의 목을 베어 옥문에 효시하고 자손들은 유배형에 처해졌으며 재산은 몰수되었다. 그러나 자쓰팅이 옹정제에게 원한을 산 진짜 이유는 조정의 대신 룽고도의 당파였기 때문인 것으로 보인다. 당시 룽고도는 녠겅야오와 안팎으로 손을 잡고 자주 전권을 휘둘렀다는 혐의로 심문을 받고 있었으며 이윽고 41조에 이르는 죄상이 열거되어 탄핵당하였다. 그래도 옹정제 즉위시의 공로자인 까닭에 사형에 처해지지는 않고 감금처분을 받는 데 그쳤다.

이러한 필화사건에 등장하는 인물은 저장 출신이 많다. 왕징치도, 자쓰팅도 저장 사람이고 다음에 등장하는 뤼류량(呂留良)도 저장 사람이었다. 옹정제는 저장 사람을 대단히 미워하였다. 이것에 대한 본보기로 저장 성에서 행해지는 과거시험인 향시를 중지하라는 명령을 내렸을 정도다. 향시를 중지한다는 것은 관리 후보자가 영영 될 수 없음을 의미한다. 이것은 큰 타격이었다. 사람들은 청조에는 반감을 품고 있더라도 관리의 지위만은 갈망하고 있었던 것이다. 다행히 저장 총독 리웨이가 황제의 총애를 받고 있었기 때문에 그의 중재로 이 금령은 곧 해제되었다.

한편 녠겅야오가 비극적인 최후를 마친 뒤, 이어서 쓰촨(四川)·산시(陝西)·간쑤(甘肅) 등 세 성의 총독이 되어 서부 국경의 군사를 담당한 것은 웨중치(岳鍾琪)였다. 이 사람은 성이 웨씨라서 남송의 충신 웨페이(岳飛)의 후손이라는 소문이 돌았다. 웨페이의 후손이라면 마땅히 웨페이처럼 중국인을 위하여 이민족인 청조에 대항하여 싸울 것이라고 생각한 장시(張熙)라는 남자가 일부러 그에게 모반을 권하러 갔다. 웨중치는 깜짝 놀라 장시를 포박하여 조정에 넘겼다. 장시는 그의 스승 쩡징(曾靜)의 사주를 받은 것으로 드러났고 장본인인 쩡징을 붙잡아 심문하는 과정에서 일부 중국인들 사이에 반만(反滿)사상이 뿌리깊게 박혀 있다는 사실이 밝혀지자 옹정제의 자신감은 뿌리부터 흔들렸다.

이보다 앞서 순치(順治)연간부터 강희제 초기에 걸쳐 저장성에는 뤼류량(呂留良)이라는 주자학자가 있었다. 그는 반만사상을 강하게 품고 있었으므로 관직에 나가는 것을 부끄럽게 여기고 세상을 등진 채 일생을 마쳤다. 그에게는 문집, 일기 등의 저서가 있었는데 반만사상을 포함하고 있었음에도 불구하고 일부는 인쇄되어 널리 세인에게 읽혔고, 사후에는 성인과 같이 추앙받아 지방관들이 대대로 그의 사당에 경의를 표할 정도였다.

쩡징이 민족혁명사상을 가지기에 이른 것은 다름 아닌 뤼류량의 저서에 공명한 결과였다. 쩡징을 심문하는 과정에서 뤼류량의 사상이 한인들 사이에 유행하고 있다는 사실을 알게 된 옹정제는 저장 총독 리웨이에게 밀서를 보내 뤼류량의 집에서 일체의 문서를 압수하도록 명하였다.

사실은 리웨이 역시 뤼류량의 이름에 현혹되어 그의 사당에 액자를 보낸 사람 중 하나였으나 명령을 듣고 크게 놀라 뤼류량의 세 아들을 포박하고 가족을 집안에 감금하였다. 그리고 책이 너무 많아 한꺼번에 운반할 수 없자 모든 서가에 봉인을 한 뒤 목록을 만들어 필요한 것만을 베이징에 실어 보냈다. 옹정제는

"짐은 이런 일로는 꿈쩍도 않는다. 짐은 이유없이 비난을 받아도 화를 내지 않을 정도로 마음을 수양해 온 것을 가장 장점으로 여기고 있는 바이다. 만일 짐이 이로 말미암아 흐트러진 모습을 보일 거라고 생각하였다면 그대는 아직 그대의 군주가 어떤 사람인지 모르고 있는 것이다"

라고 리웨이에게 말하였지만 역시 마음의 동요는 감출 길이 없었다. 이 사건과 관련해서 만주인 총독 오르타이와 옹정제 사이에 오고 간 문서에는 다음과 같은 문구가 보인다.

오르타이 | 우리 왕조가 천하를 통일한 지 어언 80여 년이 흘렀고 대대로 성인과 같은 천자를 얻어 한인을 교화하는 데 힘써 왔습니다만, 결국 한인 마음 깊은 곳에 있는 반항심을 일소하지 못하였고 만주의 인물도 또한 한인과 어깨를 나란

히 할 정도에 미치지 못하였습니다. 이 일을 생각할 때마다
유감 천만일 뿐입니다.

옹정제 | 진실로 가슴이 미어져 터질 듯한 기분이다.

오르타이 | 역적 쩡징은 정말로 금수보다도 못한 놈, 금수 중
에서도 가장 고약한 놈입니다.

옹정제 | 그렇게 화를 낸다고 해서 무슨 방법이 나오는 것은
아니다. 짐은 태산처럼 태연자약하다. 이런 괴물을 만난 이
상 보통 수단으로는 안된다. 다루는 방법은 갖가지, 짐의 솜
씨를 보여줄 테니 기대해 보라.

옹정제는 쩡징을 취조하면서 이 자가 어리석을 만큼 강직한 시
골뜨기로 의외로 포섭하기 쉬운 인물이라는 것을 알아차렸다.
쩡징은 솔직하게 옹정제에 대한 27개조의 비난 항목을 고해 올
렸고 옹정제는 각 조항 하나 하나가 얼마나 사실과 다른지를 조
목조목 설명한 뒤 여기에 대한 쩡징의 의견을 물었는데 쩡징은
결국 자신이 너무도 큰 잘못을 저질렀다고 대답할 수밖에 없었
다. 옹정제가 가장 역점을 두어 주장한 것은 청조가 이민족의
왕조이기 때문에 정통성이 없으며, 따라서 중국 백성은 청조에
대하여 충의를 다할 의무가 없다고 하는 쩡징의 논리에 대한 반
박이었다.

"예로부터 군주가 없는 백성이란 없다. 군주를 세운 뒤에
충의를 다하는 것은 당연한 도리이다. 중국의 성인도 이렇게
가르쳤다. 충의는 인간의 가장 기본적인 도덕이며 이것을 거

스르는 것은 인간도 아니다. 그렇다면 누가 정당한 군주인
가? 그것은 바로 천명을 받은 군주이다. 이것 역시 중국 성인
이 가르친 대로이다. 천명을 받은 군주라면 중국인인지 이민
족인지 따질 필요가 없다. 이뿐인가? 이민족인 우리 조정만
큼 정정당당하게 천명을 수행하였던 왕조는 없다. 생각해 보
라. 중국은 혁명의 나라로 자주 왕조가 바뀌었는데 개국의
군주란 이전 왕조에서 보자면 모반자이다. 명의 태조는 원
왕조에서 보자면 무뢰한에 지나지 않는다. 우리 청조는 이와
달리 만주에서 일어나 원래 명 왕조와는 대등한 우호국이었
다. 명이 반도들로 인하여 멸망하자 천명이 우리 조정에 내
렸다. 그것도 명을 멸망시키고 이를 대신한 것이 아니라 명
이 스스로 망해 버린 뒤 백성들이 도탄에 빠져 허덕이고 있
었기 때문에 이를 구원하기 위하여 중국을 지배해 준 것이
다. 역사를 보더라도 이처럼 정당하게 천하를 차지한 일은
여태껏 한번도 없었다. 만일 이민족이어서 안된다고 한다면
경서에 순(舜)임금은 동이(東夷) 사람이라고 쓰여 있는 것은
어쩔 거냐? 중국인이 몽골인을 이민족이라고 천하게 여기면
몽골인 역시 중국인을 만자(蠻子)라고 부르며 경멸할 것인
데 서로 그런 식으로 말하는 것은 후세의 타락한 사고방식이
다. 충의는 중국의 성인이 가르친 부동의 교훈이며 민족을
초월해서 가치를 지니는 도덕이다."

옹정제는 이러한 쩡징과의 문답을 중심으로 한 권의 서적을
편찬해서 『대의각미록』(大義覺迷錄)이라 이름 붙여 출판하였

다. 여기에 등장하는 쩡징은 옹정제의 예리한 반군에 응수하지 못하여 쩔쩔매면서 스스로 이천(彌天)의 중죄인, 곧 하늘에 닿을 만한 중죄를 범한 죄인이라 자칭하며 오로지 참회를 거듭하는 것으로 묘사되어 있는데 이것이 단지 제왕의 권력어 제압되어 그랬다거나, 정신적인 고문을 당하여 억지로 자백한 것으로만 해석되지 않는다. 쩡징은 산중의 시골뜨기로 풍문을 근거로 해서 옹정제에 대해 인신공격을 가하였던 것인데 만일 오늘날의 법정에서 재판을 받더라도 쩡징 쪽이 증거 불충분으로 분명히 불리하였을 것이다. 그런데 쩡징이 우는소리를 하며 무조건 항복하고 만 것이 단지 그만한 이유 때문이었을까?

옹정제는 쩡징이 일전에 제자를 보내 모반을 권유한 적이 있는 웨중치가 황제에게 올렸던 상주문과 황제가 여기에 대해 회답한 주비유지(硃批諭旨) 중에서 수십 통을 골라 쩡징에게 읽게 하였다. 이것은 황제가 웨중치를 얼마나 깊이 신뢰하는지, 웨중치가 황제에게 얼마나 충성하고 있는지를 보여주어 쩡징의 권유가 얼마나 바보 같은 망상이었는지 깨닫게 하려는 것이었다. 그 밖에도 옹정제가 각 성의 총독들과 주고받은 수백 통의 문서를 보여주고 읽게 한 것은 황제가 얼마나 천하를 열심히 다스리고 부지런한지를 알게 할 목적이었던 것 같다. 과연 쩡징은 완전히 감동하였다.

"저는 지금까지 완고하고 무지한 금수만도 못한 인간이었습니다만 이제 천자의 교화를 입어 다행히 인간으로 다시 태어나게 되었습니다. 천자께서는 단 한순간도 천하 백성의 이익을 염두에 두지 않는 때가 없으셨습니다. 만일 한 지방이라도 가뭄이나 홍수가 나면 염려하신 나머지 식사조차 거르시고 더러 단식까지 하시면서 백성들을 위하여 기도를 올리셨습니다. 아침부터 밤까지 정무에 다망하신 중에도 대소 관리를 접견하시고 지방관의 보고서와 청원서를 보시며 하나라도 빠지는 곳이 없도록 밤 10시, 12시까지 답신을 쓰고 계셨습니다. 이런 것도 모르고 참람한 오해를 범하여 책형(磔刑)에 처해져도 부족한 저의 목숨을 구해 주셨고 더구나 옷과 음식까지 내려 주시니 감사함이 뼛속까지 스며듭니다. 한 글자마다 눈물로 손을 적시며 이 자백서를 씁니다.”

이상한 것은 이런 대사건을 일으킨 쩡징과 장시가 사형을 면하고 목숨을 보전하였던 일이다. 옹정제는 이에 대하여

“왕징치는 아버지 강희제를 비난하였기 때문에 용서할 수 없었다. 그러나 쩡징이 한 험담은 짐 개인에 관한 것이다. 그것도 모두가 사실무근이라 밝혀졌기 때문에 짐이 손해를 본 것은 없다. 산골짜기에서 개가 짖고 올빼미가 우는 소리를 들은 것과 같은 일이다. 그가 이미 잘못을 뉘우친 이상 용서해 주어서 천하의 사람들로 하여금 참회하면 용서받지 못할 죄는 없다는 것을 알게 하는 것이 좋다”

라고 밝혔다. 조정의 대신들은 그렇게 해서는 후세에 교훈을 줄 수 없다며 다시 중죄를 내리기를 청하였지만 옹정제는

“후세 사람들이 더러 찬성하고 더러 비난할지 모르지만

그것은 짐 개인의 책임이다. 그대들과는 관계 없는 일이니
더 이상 아무 말도 하지 말라"
하고 상대를 하지 않았다.

그러나 뤼류량 일가에 대한 벌은 엄청나게 무거웠다. 그것은
강희제 시대에 일어났던 일, 강희제는 그러니까 아무 것도 모른
채 죽은 것이다. 선제에 대한 죄는 용서할 수 없는 것이다. 뤼류
량은 관을 파헤쳐 목을 베어 옥문에 효시하였고 아들 뤼이중(呂
毅中)은 참수형, 일족은 만주로 유배시켜 노예로 만들었다. 이
판결 후 뤼류량의 저서에 대해서는 별도로 금서처분을 내리지
않는다는 단서를 붙여 황제의 배포가 크다는 것을 과시하였다.

이 사건은 옹정 6년에 시작되어 옹정 10년 말에 결말이 지어
진 것으로 실로 5년에 걸친 대의옥(大疑獄)사건이었다. 바로
이 무렵, 몽골 서북쪽에서는 준가르부의 활동이 다시 왕성해져
청조는 또 한번 이들과 일전을 벌여야 하는 상황을 맞았다. 그
런데 웨중치는 쩡징 사건으로 말미암아 오로지 근신하는 태도
를 보이고 있었고 옹정제도 한인 무장들에게만 의지하지 않고
만주인 대장을 내세워 눈부신 무공을 세우게 해서 한인들을 깜
짝 놀라게 하고 싶은 열망을 갖고 있었다. 그래서 만주인 중에
누구 적당한 장군이 없을까 찾고 있을 때 눈에 띈 인물이 푸르
단(傅爾丹)이었다.

만주의 명문 출신인 푸르단은 내대신(內大臣)으로 오랫동안
강희제를 받든데다가 참전경력도 있어 옹정 초에 다시 내대신
이 되었고, 이어서 이부상서(吏部尙書)가 되었다. 불그레한 얼

굴에 아름다운 수염을 길게 기른, 위풍당당한 체격을 가진 푸르단은 무예도 뛰어나서 옹정제의 신뢰를 얻었다고 한다. 황제의 눈에 들었다니 적어도 근면하고 정직한 인물이었을 것이다. 옹정 7년 3월, 푸르단은 대장군에 임명되어 전국의 정예 2만 4천 명 정도를 선발하여 출전하였다. 이 소식을 들은 준가르부는 아직 방어태세를 정비하지 못하였던 관계로 청조에 화의를 신청하였고 이 때문에 결전시기가 1년 정도 미루어졌다. 그러나 준가르부가 처음부터 진심으로 강화를 맺을 의사가 없었다는 것이 드러나자 옹정 9년, 푸르단은 군대를 외몽골의 서북쪽 코브도(Kobdo)로 이끌고 가 거기서 준가르부를 칠 기회를 노리고 있었다. 준가르 부족장 갈단 체링(噶爾丹策凌)은 이렇게 되면 청조 군대와 한 차례의 결전은 피할 수 없다고 보고 그렇다면 자기들에게 가장 유리한 지점에 전쟁터를 잡아야겠다고 마음먹었다. 그래서 항복한 것처럼 꾸며서 첩자를 푸르단에게 접근시켰다. 첩자는 준가르부가 지금 방심하고 있으므로 때를 놓치지 않고 습격하면 전멸시킬 수 있을 것이라고 푸르단을 부추겼다. 푸르단은 이 이야기를 듣자 참모들의 만류에도 불구하고 전군에 출동명령을 내렸다.

청군은 코브도 성(城)에서 서쪽으로 100킬로미터 정도 나아가 호톤 노르 근처에서 요지를 점령하고 진을 치고 있는 준가르부의 대군과 마주쳤다. 이제는 물러설 수도 없는 상황이라 청군도 결의를 굳히고 싸웠으나 상대가 펴놓은 그물망에 걸려든 형국인 까닭에 전세는 처음부터 불리하였다. 청군에 가세한 몽골군이 제일 먼저 도망쳤고 청군은 사면초가에 빠지고 말았다. 이름 있는 장군들이 차례로 전사하였다. 푸르단은 변장한 채 포위망을 뚫고 코브도 성으로 겨우 피신하였으나 뿔뿔이 흩어져 도망쳐 온 자는 모두 2천 명 정도에 불과하였다.

푸르단의 패배는 이미 한편에서는 예견된 것이었다. 웨중치가 푸르단의 진영을 방문하였을 때 벽에 많은 칼과 창이 걸려 있는 것을 보고 이상하게 여겨 물어보자

"젊었을 때부터 무술에 힘써 왔기 때문에 이렇게 젊은이들에게 본을 좀 보여주려고 하는 거지요"

라는 것이 푸르단의 대답이었다.

"대장군 된 자가 전략은 생각지 않고 개인의 무용을 자만하다니 이건 위험한 일이다"

라고 웨중치는 혼잣말을 하며 물러났다. 아마도 웨중치는 푸르단과 전술을 논의하다가 의견이 맞지 않자 그 참에 무기가 전시되어 있는 것을 보고 이런 말을 하였을텐데, 그 예언은 보기 좋게 적중하였다. 옹정제도 자신이 잘못 판단한 것을 후회하였다. 그러나 푸르단이 패전 보고를 하며 무거운 벌로 다스려 달라고 자청하는데도 이렇다 할 처벌은 내리지 않았다.

예로부터 정치가를 발탁하는 일은 쉬우나 대장을 임명하기는 어렵다고들 한다. 정치가는 몇 번이라도 바꿔칠 수 있지만 대장은 일단 임명하면 그렇게 쉽게 바꿀 수 없기 때문이다. 게다가 전쟁은 한번으로 끝나 버리는 것이기 때문에 지고 나면 돌이킬 수가 없다. 제갈공명도 뛰어난 정치가이기는 하였지만 사

실 전쟁은 서툰 편이었다. 옹정제도 녠겅야오나 웨중치에게 맡겨 두었더라면 전혀 문제없었을 것을 푸르단 같은 인물을 발탁해서 안타깝게도 전쟁을 허사로 만들고 말았다. 이것은 결국 민족적인 차원에서 만주인 대장에게 전공을 세우게 하고 싶었던 옹정제의 국수주의가 불러온 참패였다.

이 참패는 그러나 곧 몽골의 부족장인 영걸 체링(策凌)의 반격으로 보상받았다. 칭기즈 칸의 자손이라 일컬어지는 체링은 강희제의 딸을 아내로 맞았기 때문에 옹정제와는 처남 매부 사이였다. 외몽골 서쪽의 한 부족장으로 원래부터 준가르부와는 서로 용납할 수 없는 원수지간이었다. 푸르단의 패배 직후, 승리에 취해 체링 친왕의 유목지에 침략해 온 준가르부 군사를 격퇴한 것이 그의 최초의 공이었다.

이어서 옹정 10년, 체링 친왕이 없는 틈을 노려 준가르부가 습격하여 가족을 포로로 잡아 갔다는 소식을 들은 친왕은 급히 병사를 이끌고 추격하여 라마교 사원인 에르데니주(光顯寺)까지 쫓아가서 결전을 벌였다. 결국 사원 옆을 흐르는 강물이 피로 붉게 물들 때까지 싸워 적을 대패시켰다. 이 전공으로 체링은 초용친왕(超勇親王)이라는 호를 하사받았다.

준가르부는 여러 차례의 전쟁에서 패하였을 뿐만 아니라 국력 면에서도 중국 내륙의 풍부한 자원을 가진 청조를 도저히 따라갈 수 없었다. 그래서 다시 화친 논의가 시작되었는데 옹정제는 재정상의 피해를 고려해서 동의하려고 하였으나 국경문제에서 끝내 합의가 이루어지지 않아 다음대인 건륭제 때까지 해결이 미루어졌다. 건륭연간 중엽, 청조는 대군을 일으켜 준가르부를 평정하였는데 이 땅이 곧 지금의 신장(新疆) 성이다.

옹정제는 준가르부와 전쟁을 치르는 동안 중앙정부인 내각 외에 참모본부에 해당하는 군기처(軍機處)를 설치하였다. 이 기관은 원래 처음에는 군기방(軍機房) 또는 군수방(軍需房)이라고 불렸다. 군사에 관한 사무는 모두 군기처에서 취급하였으며 군기처 대신이 그 책임자였다. 내각은 군수품 징발과 같이 국내 재정에 직접 관련된 일조차 군기처의 결정사항을 그대로 따라야 하였기 때문에 점차 군기처 아래 놓이게 된다. 그래서 최종적으로는 군기처가 군사뿐만 아니라 국내정치까지 최고의 결정권을 쥐게 되었고 내각은 단지 군기처의 결정에 따라 행정부서인 육부(六部)에 실행을 명령하는 중간 기관이 되고 말았다. 군기처 제도는 이후 청조 말년까지 계속 유지되면서 청조 정치기구의 한 특징이 되었다.

왜 군기처 같은 기관이 필요하였을까? 그 이유는 명대부터 유지되어 온 내각제도가 청조에서는 불편한 것이 되었기 때문이다. 청조 건국 초기에는 천자도, 정부의 간부도 모두 만주인이었고 조정에서는 만주어로 말하고 있었기 때문에 중국 각 성에서 보내 온 한문 보고서나 의견서는 내각에서 만주문으로 번역한 뒤 천자 앞에 제시되었다. 강희 말년 무렵에는 만주인

관리도 대부분 한문을 알게 되어 별도로 번역할 필요가 없어졌지만 정복왕조로서의 체면상 만주문을 버리고 한문만으로 일을 처리할 수는 없었다. 그러나 번역은 시간이 걸리기 때문에 사무를 기민하게 처리할 수 없는데다가 일이 지체되는 사이에 기밀이 외부로 새어나갈 위험이 있었다.

옹정제가 설치한 군기처에서는 대신 휘하에 만주인과 한인 서기관 격인 장경(章京)을 두어 만주어 문서는 만주인 장경이 처리하고 한문 문서는 한인 장경이 처리하도록 하였다. 여기서는 번역을 할 필요가 없었기 때문에 신속하게 사무가 진행되었다. 이러한 이점 때문에 처음에는 군사만을 취급하는 참모본부에서 나중에는 국내정치까지 처리하는 중추기관이 되었던 것이다. 다만 군기처 대신으로 문관이 임명되는 것이 상례였던 것으로 볼 때 군기처가 결코 군인정치였다고 볼 수는 없다. 또한 군기처의 경우도 최후의 결정권이 천자의 수중에 있다는 점은 내각과 마찬가지였다.

군기처 대신 휘하의 서기관인 장경에는 능력 있는 젊은 정치가들이 발탁되었다. 문장을 쓰는 데 있어 명문장보다는 빨리 쓸 수 있는 사람이 요구되었다. 장경 밑에는 별도의 서기가 없었기 때문이다. 종래 중국 관청의 하부조직에는 서리(胥吏)라는 일종의 대서인(代書人)과 같은 존재가 뿌리를 내리고 있었다. 이들이 민간 청부업자처럼 관청의 사무를 처리하면서 큰 폐해를 낳고 있었는데 군기처에서는 절대로 서리를 쓰지 않았다. 덕분에 군기처는 온전히 천자의 두뇌집단으로서 기능할 수 있었고,

그런 점에서 청조의 정치를 큰 폐단에서 구해 내는 역할을 하였다고 이야기된다.

군기처가 만주식 기관이라고 말하기도 어렵지만 서리를 쓰지 않았다는 점에서 적어도 중국식 기관은 아니었다. 이런 새로운 기관이 탄생한 데에는 역시 옹정제의 예지가 작용하였고 여기서 당시 만주인의 참신한 창의성을 엿볼 수 있다.

7장
독재정치의 한계

밤 열시나 열두시에 잠자리에 들어 새벽 네시가 되기 전에 일어난다. 깨어 있는 동안은 오로지 정치에 몰두하느라 잠시라도 쉴 틈이 없다. 이처럼 옹정제가 헌신적으로 정치에 매진한 태도는 높이 평가받을 만하다. 그렇지만 보기 드문 이런 고심에도 불구하고 독재정치라는 형식을 취하였기 때문에 노력에 대한 보답은 상대적으로 적었다는 점 역시 인정하지 않을 수 없다. 다만 그 당시 중국에서 군주제 이외의 정치체제란 생각할 수 없었고 군주정치를 택한 이상 중국에서 송·명대 이래 점차적으로 발달되어 온 독재제를 강행할 수밖에 없었을 거라는 점 또한 함께 고려해야 할 것이다.

청조가 만주에서 발흥하여 명과 정면으로 대립하고 있던 때를 전후해서 서양에서는 르네상스와 종교개혁 등이 막 일단락 지어졌고 구교의 일파인 예수회의 선교사 중에는 복음 전파를 위하여 만리 길 파도를 넘어 멀리 중국까지 오는 사람들이 끊이지 않았다. 청조가 베이징에 들어와 400여 주(州)를 다스리는 주인이 되었을 때, 거기서 성격이 다른 두 개의 신문화를 발견하였다. 그것은 중국인의 한문화(漢文化)와 예수회 선교사가 들여온 서양문화였다. 냉정하게 바라볼 때 서양문화가 한문화보다 몇 단계 앞서 있었음은 두말할 나위도 없다. 강희제는 서양문화의 애호가였다. 그는 늘 선교사를 궁중에 불러 수학과 물리학을 강의하도록 하였고 한때는 이들에게 라틴어를 배우려고까지 하였다. 조정에 대신들을 모아 놓고 중국의 수학에서는 예로부터 원의 둘레를 직경의 3배로 계산하지만 실제는 3.14159배라고 신지식을 과시하면서 특히 한인 대신들에게 뽐내기도 하였다. 만주인이 볼 때 한문화도 서양문화도 마찬가지로 이국문화였고, 강희제는 어느 편인가 하면 서양문화에 훨씬 더 매력을 느꼈던 것이다. 강희제가 편찬하게 한 1만 권에 이르는 백과사전 『도서집성』(圖書集成)의 마지막 부분에는 기계 그림이 들어가 있는데 기계를 사용하는 인물의 의복은 중국식으로 바꿔 그려져 있으나 역점(力點)의 부호는 알파벳으로 되어 있다. 이런 까닭에 강희제는 선교사들의 청원을 받아들여 이들이 중국에서 그리스도교를 전파하도록 허락하였던 것이다.

옹정제는 이에 반해서 한문화의 애호가였다. 옹정제에게는 중국을 완전무결하게 통치하는 것이 지상과제였다. 그의 행동과 신념은 모두 여기에서 출발하고 있다. 중국을 통치하기 위하여서는 중국식의 독재군주가 되지 않으면 안된다. 여기서 독재군주제의 이론적 근거를 제공하는 것은 한문화 이외에는 없다.

그리고 옹정제 자신이 45년의 더부살이 동안 한문화의 소양을 충분히 몸에 익혔다. 그에게는 선학(禪學) 역시 한문화의 일종이었고 교양으로 간주될 수 있는 것이었다. 한인(漢人) 국가의 독재군주로 군림하기 위해서 그 자신도 남에게 뒤지지 않는 중국식 문화인이 되어야 하였던 것이다. 반면 서양문화는 정치에 전혀 도움이 되지 않는다. 그리스도교의 경우, 이른바 사교(邪敎)와는 성격이 다르다고 인정하면서도 장래의 분란을 우려하여 금지하였다. 문화를 일종의 힘으로 평가할 때, 본국에서 멀리 떨어진 당시의 서양문화는 도저히 한문화의 적수가 될 수 없었다. 대포나 철포 같은 종류는 중국에서 모방해 버리면 곧바로 중국의 힘이 되어 서양에 대항할 수 있었다. 이후에도 100년이나 흐른 뒤, 서양이 산업혁명의 세례를 받아 다른 세계에서 쉽게 모방할 수 없는 최첨단 문화를 이룩하여 중국을 압박하기까지 서양문화는 중국으로 침투하는 데 있어 결정적인 승리를 거둘 수 없었다.

옹정제의 독재정치는 이민족 제왕의 손에 의해 이루어졌음에도 불구하고 종래의 중국의 제왕들이 도저히 미치지 못할 만큼 고도의 수준에 도달하였다. 아마도 독재정치라는 틀 안에서 이 정도로 발달한 형식은 그 비슷한 예를 찾기가 상당히 어려울 것으로 보인다. 그러나 중국은 넓다. 독재제를 낳고 그것을 발달시킨 것도 중국의 광활함이었지만 동시에 독재정치의 무력함을 비웃은 것도 중국의 광대함이었다. 그토록 철저한 옹정제의 독재정치하에서도 끝끝내 정치력을 관철시키지 못한 부분이 많이 남아 있었음을 인정할 수밖에 없다.

옹정 7년 가을, 황제는 장난(江南)과 장시(江西) 두 성의 총독 판스이(范時繹)에게 대도(大盜) 자오치(趙七)라는 자를 체포하라고 엄명을 내렸다. 판스이가 곧바로 안후이(安徽) 순무 웨이팅전(魏廷珍), 장시 순무 셰밍(謝明)에게 통보하자 이들은 다시 부하 문무관리들에게 공문서로 명령을 내렸고 모두 혈안이 되어 자오치를 찾아 다녔지만 결국 그가 어디에 있는지조차 알 수 없었다. 이 정도의 대도는 관청의 하급관리인 이원(吏員) 등을 매수해 널리 연락망을 만들어 두고 있었기 때문에 대대적인 수사망을 펴면 펼수록 더 멀리 도망쳐 버렸던 것이다. 옹정제는 발을 동동 구르며 분개하였다.

"짐이 듣기로 너희들의 관할 내에 도적이 횡행하고 있어 양쯔 강을 안심하고 건널 수 없을 정도라고 하기에, 입수한 정보를 토대로 자오치라는 대도의 이름까지 가르쳐 주었거늘 이 놈을 놓쳐 버리다니 어찌된 일이냐. 비밀리에 도적의 행동을 탐지하여 은신처를 습격하면 간단히 잡을 것인데 공문서를 여기저기 돌리니 도적이 눈치를 채고 도주할밖에. 이런 큰 일을 너 같은 얼간이 총독에게 명령한 것이 짐의 불찰이다. 리웨이나 톈원징이라면 이런 멍청한 짓은 결코 하지 않았을 것이다."

자오치는 끝내 붙잡지 못하였다. 그 대단한 독재군주의 위력으로도 사회의 구석구석에는 손댈 수 없는 곳이 남아 있었던 것이다.

그러나 옹정제가 독재정치를 하는 데 보다 큰 강ㅈ은 대도 자오치를 체포하라는 명령을 받고도 결국 그를 놓쳐 버리고 만 관료기구 그 자체라고 할 수밖에 없다. 옹정제가 기를 쓰며 애달아하는데도 불구하고 많은 관료들은 걸핏하면 냉담한 눈으로 이를 방관하였고 툭하면 비판을 가하려 하였다. 티웨이나 텐원징과 같은 존재는 오히려 예외적이었다고 할 수 있다.

옹정제의 이상을 끝까지 파고 들어가 보면 관료란 단지 사무를 위하여 부리는 도구에 지나지 않는다. 이렇게 되면 관료들은 문화생활도 할 수 없고 문인 취미에 젖는 것도 불가능하며 보다 중대한 문제는 자손을 위하여 재산을 축적해 둘 수 없게 된다. 이대로는 사회의 특권계급으로 남는 것이 불가능해진다. 옹정제에게 특권계급이란 존재는 본디부터 불합리한 것이었고 특권이란 오로지 천자 한 사람의 독재권을 가리키는 것이며 천자 이외의 만민은 모두 평등한 가치를 가지고 있을 뿐이다. 그런 까닭에 그는 지방의 천민들을 해방시켰던 것이다. 산시 성의 낙호(樂戶), 저장 성의 타민(惰民), 구성어호(九姓漁戶), 안후이 성의 세복(世僕) 등의 천민계급은 이후 양민과 차별 없이 대우받게 되었다. 하층민의 생활이 보장되고 치안유지가 확립되면 청조는 후대까지 지속될 수 있고, 여기서 실패하면 머지않아 혁명이 일어나서 청조가 전복되지 않으리라고 어느 누구도 장담할 수 없다.

그런데 당시 중국은 사실상 일종의 자본주의 아래 있었다.

지방의 농민과 도시의 노동자는 가난 때문에 자립해서 생활해 갈 수 없었다. 극단적으로 말하면 자본가에게 자신의 노동력을 팔아서 겨우 생명을 이어가는 상태였다. 다시 말해서 재생산에 필요한 자본이 소수 자본가의 수중에 장악되어 있었던 것이다. 이 자본가들 중에서 학문을 닦고 과거를 통과하여 관계(官界)에 진출할 수 있었던 선택받은 자들이 관료이다. 관료는 자본가의 이익을 대표하는 자라고 할 수 있다. 따라서 관료와 자본의 결합은 대단히 밀접하여 관료는 정권의 힘으로 자본을 옹호하고 자본은 이익의 일부를 할애하여 관료의 방패가 되어 준다. 이런 결합이 실제로 이루어지는 방법은 결코 공정한 것이라고 볼 수 없다. 대부분의 경우, 이권과 뇌물의 교환이라는 형식을 띠고 있었기 때문이다.

옹정제는 이 결합을 단절시키려고 하였다. 관료에게는 근무지 수당이라는 차원에서, 적어도 자활할 수 있을 만큼의 양렴은을 지급하도록 하였다. 관료는 천자의 공복이어야지 자본가의 사복이 되어서는 안된다는 것이다. 이 신생활운동은 이론적으로는 타당한 것이어서 비난의 여지가 없으나 종래 친밀한 공생 관계를 경험해 본 관료와 자본가들에게는 끔찍하게 옹색한 족쇄를 찬 격이었고 양쪽 다 엄청난 불편을 느끼지 않을 수 없었다. 그런데 비단 이 경우만이 아니라, 청조에서는 모든 사회 문제에 대한 불만의 소리는 곧바로 민족혁명과 양이사상으로 민심을 몰아가게 된다.

쩡징의 경우가 바로 그러하였다. 그는 따지고 보면 오히려 사회개혁론적인 입장에 서서 세상에서 행해지는 부정을 증오하였고, 사실은 송·명대 이래 누적된 폐단임에도 불구하고, 사회의 모든 불합리함이 모두 청조의 정치가 잘못된 결과라고 생각하여 옹정제에게 공격의 화살을 겨누었던 것이다. 그런데 쩡징이 지적한 사회의 불합리, 곧 빈부의 격차가 극심하다든가 관리와 자본가가 결탁하는 등의 폐단은 오히려 옹정제가 전력을 다해 사회로부터 제거하려고 하였던 것이다. 이것이 바로 쩡징이 옹정제 앞에서 갑옷을 벗게 되었던 것, 그리고 옹정제가 쩡징을 용서하였던 이유의 하나라고 생각된다. 하지만 쩡징 같은 공상가를 회유하는 것은 차라리 손쉬운 일이라고 할 수 있다. 사회의 실력자인 관료와 자본가야말로 버거운 상대였다.

옹정제의 치세는 불과 13년 만에 끝났는데 다른 왕즈의 예로 보면 그렇게 짧은 편은 아니지만 대체로 재위기간이 길었던 청조의 다른 황제들과 비하면 매우 짧다. 그러나 옹정제식의 정치는 길어야 13년 정도가 그 효력을 발휘할 수 있는 최대 기간이 아니었을까 생각된다. 여기에는 두 가지 의미가 있다. 첫째로 옹정제처럼 천자가 만사를 몸소 처리하는 것은 개인의 능력이나 건강을 감안할 때 도저히 오래 지속될 수 없다는 점이다. 옹정제의 총애를 받던 리웨이가 어느 때 부하 관리의 무능함을 이야기하며

"저의 재무관인 포정사(布政使) 펑웨이신(彭維新)이라는 자는 결코 태만하지는 않으나 너무 소심합니다. 문서의 왕래와 금전출납도 자신이 직접 살피지 않으면 만족할 수가 없어

서 매일 밤늦게까지 사무 뒤처리를 하고 새벽 2시경이 되어서야 겨우 일이 끝나는 형편입니다. 어쩔 수 없이 제가 여러 가지 사무를 도와 주고 있습니다만 저 자신도 총독으로서 해야 할 임무가 있기 때문에 손을 쓸 수 있는 형편이 아닙니다"

라고 호소하였다. 이에 대하여 옹정제는

"웃기는 소리 하지 말라. 경은 포정사와 같은 성(城) 안에 있으면서도 사무를 도와 주기 힘들다고 하는데, 짐의 경우를 생각해 보라. 짐은 수천 리나 떨어진 지방의 총독과 순무의 사무를 도와 주고 있고 거기에 소비하는 시간이 열에 예닐곱을 차지하는 형편이다"

라고 나무라는데 실제로 지방관의 사무까지 분담하지 않으면 안되는 정치방식은 옹정제라야 비로소 가능한 것이었고, 옹정제조차도 과연 몇 년을 더 계속해 갈 수 있었을지는 의문스럽다. 역사상 제왕들의 사적을 보더라도 양(梁)의 무제(武帝), 당(唐)의 현종(玄宗), 명(明)의 만력제(萬曆帝)처럼 즉위 초기에는 아주 열심히 정치를 행하다가 도중에 정치에 싫증을 내고 신하에게 모두 맡겨 버려 오히려 이전에 대한 반동으로 정치가 한층 더 어지러워지는 경향이 있었다. 만일 옹정제가 더 오래 살았다 하더라도 나쁘게 흘렀다면 마음이 변해서 정치를 팽개쳤든지 그렇지 않으면 건강을 해치거나 망령이 들어서 도저히 종래와 같이 긴장된 정치는 할 수 없었을 것이다.

두번째는 앞서 이야기한 관료와 자본가 계급의 누적된 불만이 13년 정도는 그런 대로 참고 넘어갈 수 있지만 이 한계를 넘어 언제까지나 지속된다면 어떤 형태로든 폭발하지 않았을까 생각된다. 예의 쩡징의 자백서에는 옹정제에 대한 개인 공격이 수개 항목에 걸쳐 열거되어 있는데, 이것을 볼 때 지방 독서인 사이에 황제에 대한 뿌리깊은 반감이 있었다는 것을 알 수 있다. 옹정제가 세상을 떠나자, 이제 한숨 돌렸다는 것이 일반 관료들의 솔직한 심정이 아니었을까. 옹정제가 여자 검객에게 암살되었다는 이야기가 전해 내려오고 있는데, 이것은 지식계급 사이의 희망이 형상화된 것이라 보아도 무방할 것이다. 옹정제는 어떤 사람들로부터는 빨리 죽었으면 좋겠다그 저주받아 온 천자였으니까 말이다.

옹정 13년 8월, 역사상 유례를 찾아볼 수 없던 이 독재군주가 병으로 쓰러졌다. 그 뒤 적자인 보친왕(寶親王)이 즉위하여 건륭제의 치세가 되자 청조의 정책은 크게 바뀌었다. 이것은 강희시대의 이른바 관대한 정치로의 복귀였다. 이 같은 정책의 전환을 담당한 중심 인물은 뜻밖에도 옹정제로부터 가장 두터운 신임을 받았던 만주인 출신의 오르타이와 한인 출신의 문인 정치가 장팅위(張廷玉)였다. 장팅위는 안후이 성 퉁청(桐城) 사람으로 대신의 아들로 태어났으며, 진사 출신의 개표적 관료이다. 옹정 3년 이후 계속 내각의 수반인 대학사를 연임하였고 군기처가 설치되자 군기처 대신까지 겸임하는 등 옹정제로부터 수족이나 다름없는 고굉(股肱)의 신하*로 불렸다.

* 다리와 팔같이 중요한 신하라는 뜻으로, 임금이 가장 신임하는 신하를 이르는 말―옮긴이.

　건륭시대에 접어들어서도 오르타이와 장팅위는 나란히 조정 관료의 수반 자리에 있으면서 한인과 만주인의 양대 세력을 대표하였는데, 이 두 사람이 이의없이 종래의 정치방침을 바꾸었던 것은 결국 옹정제가 아니면 옹정제식의 정치는 불가능하다는 것에 의견이 일치하였기 때문일 것이다. 다만 두 사람의 최종 목적은 다소 달랐을지 모른다. 오르타이는 만주인이므로 무슨 일에서건 만주인의 입장을 고려하였다. 옹정제처럼 사회의 유력자 계층의 의향을 무시해서는 만주 민족, 곧 청조의 미래가 불안해진다. 군주는 정치상 최종 결정권을 쥐고 있기 때문에 어떤 유력한 관료라도 말 한마디로 침묵시킬 수 있고 또 파멸시킬 수도 있다. 그러나 그것은 관료 개개인에 한정된 것이지 관료 계급 자체에 대해서는 아니다. 옹정제의 노력으로도 관료조직의 극히 일부분만을 겨우 뜻에 맞게 고칠 수 있었을 뿐 관료제도 그 자체는 엄연히 온존해 있었다. 이렇게 불사신의 비법을 지닌 관료계급 사이에서 인기를 잃는 것은 청조를 위하는 일이 아니다. 관료의 사욕을 어느 정도 인정해 주어 자본과의 결합을 허락함으로써 청조가 이들의 이익과 일체화되는 것이 청조를 영속시키고 만주인의 기득권을 유지하는 가장 안전한 방법일 것이다.

　이에 비하여 한인 출신인 장팅위의 생각은 조금 달랐던 것 같다. 한인의 문화는 불멸이며 비록 정치적으로는 어떤 이민족 왕조의 지배를 받는다 하더라도 문화 자체는 꿈쩍도 하지 않았다는 것을 중국의 긴 역사가 증명해 주고 있다. 이민족 왕조가 중국화되는 것은 단지 시간문제에 지나지 않는 역사의 필연이다. 어떤 왕조건 한문화의 보호자인 한 한인은 이를 유지시키는 것이 바람직하다. 청조가 쓸데없는 참견을 하지 말고 한인은 한인 스스로 다스리게 하고 다만 무력 면에서 외적으로부터 보호해 주는 것이 바람직하다. 여기서 한문화란 바꿔 말하면 유교문화이다. 옹정제의 정치방식은 법가(法家)의 방식으로 기울고 있었다. 대신의 일은 대신에게는 맡기고 지방의 사무를 지방관에게 맡긴 이상 간섭하지 않는 것이 유교적인 정치방식이다. 이 방식이야말로 가장 자연스러운 것이며 그런 까닭에 가장 영속적일 수 있다. 옹정제처럼 지방관의 사무까지 궁중으로 끌어들여 몸소 간섭하려고 하는 것은 법가의 방식으로 여기에는 찬성할 수 없다. 청조는 기꺼이 한문화를 존중하고 한문화의 보호자로 임하는 것이 좋다. 이는 바꿔 말하자면 학자를 우대하고 관료의 생활을 풍요롭게 해주는 것이다. 이 방법은 결국에는 청조를 위하는 길이므로 청조를 이런 식으로 이끌어 가는 것이야말로 자신이 신하로서 충의를 다하는 길이기도 하다.

어쨌든 건륭연간 이후, 청조는 관료계급·지식계급 속으로 용해되어 들어가 일체가 되어 버렸다. 이것은 한편으로 말하자면 청조의 존재가 관료계급에 의존하게 되었다는 것을 의미한다. 가장 안이한 길을 선택하였다고 말할지 모르나 결국 언젠가는 이렇게 될 수밖에 없는 운명이었을 것이다.

청조는 관료계급에 영합해서 일체가 되는 방침을 정함과 동시에 그 대가를 요구하였다. 그것은 청조가 이민족 왕조임을 한 인들이 잊어버리도록 하는 것이다. 이적(夷狄)이라는 것이 중국의 변경에 일찍이 존재하였던 사실조차 잊게 하려는 것이다. 오랑캐 이(夷)라는 글자는 많은 고서에서 사라졌다. 청조의 전신을 밝힌 명대의 기록은 금서가 되어 모두 불태워졌다. 그뿐만이 아니었다. 옹정제의 칙명으로 만들어진 『대의각미록』(大義覺迷錄)조차도 건륭시대에는 금서에 포함되었다. 그때까지 목숨을 부지하고 있던 쩡징은 끌려 나와 참수형을 당하였다. 청조가 다행히도 오랫동안 명목을 유지하면서 이 정책은 효과를 발휘하였다. 청조 말이 되면 중국인은 청조가 이민족 출신임을 망각하였고 만주인 역시 자신이 한인과 달리 만주인의 자손이라는 것을 잊어버리고 말았다. 만주인이라는 역사상의 위대한 민족이 한민족 속에 흡수되어 흔적도 없이 사라지고 말았다. 그러나 이와 더불어 중국 사회에는 옹정제가 걱정한 것과 같이 건강하지 못한 현상이 다시 나타나기 시작하였고 하루 하루 더 심각해졌다. 관리와 자본의 결합으로 인한 기강의 문란, 관료의 부패는 이미 건륭 중반부터 두드러지기 시작하였고 청조 말년에는 차마 눈 뜨고 볼 수 없을 정도의 무정부적인 혼란상태에 빠지고 말았다.

건륭연간에 접어들어 강희시대의 이른바 관대한 정치로 회귀해 버렸는데, 그렇다면 그 중간 옹정제의 고심에 가득 찬 13년간의 정치는 완전히 무의미한 것이었단 말인가? 그렇지 않다. 청조 300년의 역사에 있어서 옹정제라는 존재의 의미는 대단히 크다. 만약 강희시대의 관대한 정치가 그대로 건륭시대의 관대한 정치로 이어졌다면 관료계의 부패는 걷잡을 수 없는 지경에 이르렀을 것이다. 청조 말기 관료사회의 부패는 아마도 이보다 100년은 앞서서 나타났을지 모를 일이며 청조는 서양 문화의 침략이 있기 전에 이미 내부에서 붕괴하였을 것이다.

건륭시대는 청조의 영토가 최대의 범위에 도달한 정점이었지만 건륭제의 무공이나 후세에 남긴 문화사업도 옹정시대의 민간의 경제력 향상과 풍부한 물자의 축적이 있었기 때문에 가능한 것이었다. 역사는 경박하게도 종종 그늘에 숨겨진 공로자의 존재를 간과할 뿐만 아니라 세론에 부화뇌동하여 비난을 가하기조차 한다. 일반 중국 문화인 사이에서 옹정제의 평판은 그다지 좋은 편이 아니지만 개중에 청조 학자 중에서 이채를 발하는 냉소적이고 비꼬기를 좋아하는 장쉐청(章學誠) 같은 인물이

"옹정시대 인물의 전기를 읽으면 청렴결백하다고 강조한 내용이 자주 등장하는데 사실 이것은 그렇게 니세울 만큼 대단한 일이 아니다. 왜냐하면 옹정제는 관리의 기풍을 단속하고 수뢰의 폐단을 근절하였으며 정계를 숙청하고 탐관오리를 벌주었다. 실로 천년에 한번 나올까 말까 한 전기(轉機)였다. 이 시대에는 상관은 법을 지키고 하급관리는 청렴함에 힘쓰는 것이 일반적인 풍습이 되었다. 그러므로 그 전에 탐욕스럽던 자라도 당시의 풍습에 동화되어 완전히 마음을 바꾸게 되었던 것이다"

라고 크게 칭송한 것은 경청할 만한 가치가 있다. 이것이야말로

조정 어용학자들의 판에 박힌 아부보다 100배의 무게를 지닌 평가이며 아마도 옹정제에 대한 최대 최고의 찬사라고 말할 수 있을 것이다.

이상으로 역사에서 살펴볼 수 있는 한도 내에서 옹정제의 행적과 함께 배경이 되었던 시대에 대해 불충분하나마 얼추 관찰해 본 셈이다. 다만 한 가지 남은 문제는 옹정제의 개인적인 성격에 관한 것이다. 내가 만일 소설가였다면 오히려 성격문제를 제일 먼저 포착하여 이것을 중심으로 사실을 전개시켜 갔을 것이다. 그러나 답답한 역사학자에게 그렇게 재치 있는 비약과 멋들어진 솜씨는 불가능한 일이어서 포기할 수밖에 없고, 다만 마지막으로 문헌학의 제약이 허락하는 한도 내에서 그의 성격을 귀납적으로 상상해 보며 이 책을 마치도록 하겠다.

옹정제의 혈관 속에는 여전히 소박하고 순진하며 동시에 지기 싫어하고 끈기가 강한 만주 민족의 피가 살아 흐르고 있었던 것 같다. 그런데 용맹한 만주 민족도 중국에 이주하여 한(漢)민족 사이에 섞여서 생활하면서 차츰 거기에 동화되어 지난날 물불을 가리지 않던 야만적인 기질은 순화되어 간다. 옹정제의 아버지 강희제에게는 아직 다분히 수렵민족 특유의 용맹스러움이 남아 있었고 강희제가 낳은 연상의 황자들 중 다수가 아버지의 기질을 이어 받은 듯하나 옹정제는 조금 달랐다. 옹정제는 주의 깊고 소극적인 내성적 성격이었음에 틀림없다. 그의 형제들은 뻔뻔스러울 만큼 마음먹은 대로 자유롭게 행동하면서 싸움을 하는가 하면 술도 마신다. 황태자가 되고 싶으면 정치운동도 한다. 그러나 소극적인 옹정제는 거기에 끼이지 않았다. 여기에는 자신의 생모가 미천한 신분 출신이라는 열등감 때문에 한쪽으로 비켜나 몸을 사리며 조심하다 보니 자연히 형제들 사이의 교제에서 고립되어 버린 측면도 있었을 것이다. 그러나 또다 근본적 원인은 그의 성격에서 비롯되었다. 형제들이 요란한 정치운동을 벌이는 틈에 끼려고 해도 성격상 깊이 들어가지 못하였던 것이다.

이러한 내성적 성격을 옹정제 스스로도 자못 성에 차지 않아 속이 탔음에 틀림없다. 그는 이것이 자신의 성격상의 약점이라고 생각하였으리라. 강해지고 싶다. 형제들처럼 무엇이든 마음 먹은 대로 행동해 보고 싶다고 안타까워하였을지 모른다. 그가 선(禪)을 배운 동기는 분명 여기서 기인하였을 것이다. 선천적인 호걸이라면 참선 같은 것은 거들떠보지도 않았을 것이다. 옹정제의 선학은 만주 민족이 반성기로 접어들었음을 보여주는 하나의 징조이다.

사람들이 자주 범하는 실수 중에서 내성적인 성격을 나약한 성격으로 착각하는 경우가 있다. 실제로는 내성적이고 주의 깊은 성격의 사람이야말로 기(氣)가 강한 편이다. 너무 지기 싫어하는 사람은 승부를 건 싸움을 할 수 없다. 옹정제야말로 바로 그런 인물이었다. 형제들과 공공연히 경쟁하기에는 그는 너무나도 기질이 강하였던 것이다. 거기다 한층 더 강한 인간이 되고 싶다는 염원 아래 수양을 쌓았고, 기만당하지 않고 착각하지 않겠다고 조심에 조심을 거듭한 끝에 마침내 이처럼 엄청나게 견고한 콘크리트 요새와 같은 성격이 완성되었던 것이다.

천자의 지위에 올라 대청왕조와 만주 민족이라는 두 개의 운명을 동시에 양 어깨에 짊어진 옹정제는 더욱더 강해지지 않으면 안된다고 결심하였다. 타인에 대해서 강하지 않으면 안됨과 동시에 자신에 대해서도 더욱 강해져야 한다고 다짐하였다. 그러나 자신을 약한 성격의 소유자라고 오인한 그는 그 결심 앞에서 머뭇거리며 망설이던 중 모든 의혹에서 벗어나 안심하고 의지할 수 있는 길을 천명에서 찾아내었다. 하늘을 믿는다기보다 하늘에 매달렸던 것이다. 하늘이 명하는 것은 완전무결한 독재군주가 되라는 것이다. 이 의무를 철저하게 수행하지 않으면 안된다. 적어도 독재군주의 빛나는 권위를 가로막는 것은 추호도 용서해서는 안된다. 그래서 일찍이 자신을 얕보던 형제들에 대한 박해가 시작되었다. 형제들이 완전히 마음 깊은 곳에서부터 굴복할 때까지 압박을 늦추지 않았다. 이 같은 박해의 손길은 일찍이 자신의 심복이었던 대신 롱고도와 녠겅야오에게도 가해졌다. 상대가 강하면 강할수록 옹정제는 필사적으로 끝까지 압박을 계속하였다. 숭고한 하늘의 명령은 절대로 거역할 수 없는 것이다.

쩡징 등의 모반사건에 쏟았던 옹정제의 노력은 경이로울 정도이다. 한낱 시골 서생의 일이었다. 보통의 독재군주였다면 괘씸한 녀석이라며 목을 뎅그렁 날려 버리고 끝냈을 것인데도 그는 혼신의 힘을 다하여 문제와 정면으로 맞섰다. 그는 종횡무진 사방에서 쩡징의 사상을 분석하고 해부하여 거기에 반격을 가

하였고 상대가 충심으로 잘못하였다고 말할 때까지 멈추지 않았다.

천자가 되고부터는 바빠서 여유가 없었겠지만 어릴 때부터 문장을 짓고 글을 익혔기 때문에 '세종황제어제문집'(世宗皇帝御製文集) 정도의 저술이 있을 법한데 필자는 아직 직접 접해 보지 못하였다. 옹정제의 필체는 상당히 심오한 경지에 올랐고 필봉이 강하고 날카로워 단적으로 그의 사람됨을 드러내고 있다. 인장은 타원형 안에 '위군난'(爲君難)이라는 세 글자를 새긴 것을 자주 사용하였다. 한편 옹정제의 인물됨은 당시 어용(御用) 가마에서 만들어 낸 도기에도 영향을 미치고 있다. 지금 옹정연간에 제조된 궁중용 도기를 보면 바탕에 흰 겉옷을 입힌 매끄러운 순백의 표면 위에 다섯 가지 채색의 화조와 문양을 그려 넣은 것이 많다. 그림의 선은 한 획도 소홀한 데가 없고 점 하나도 흐트러지지 않아 단정 근엄한 모습이 마치 옹정제를 눈앞에 보는 것 같은 느낌이 든다. 어용 가마의 감독관은 늘 황제로부터 비평을 듣고 그 뜻에 맞도록 애쓰게 되므로 황제의 취향이나 인물 그 자체가 도기에도 반영되는 법이다.

옹정제의 초상화는 최근 고궁(故宮)에서 몇 종류 발견되었다. 그 중에는 이 책의 화보에 있는 것처럼 진기한 것이 있다. 이것은 아마도 궁중에 출입하는 서양 선교사가 그린 것으로 생각된다. 이 초상화를 보면 다망한 옹정제도 때로는 유럽풍의 가발을 머리에 쓰고 선교사를 만날 정도의 여유가 있었던가 하고 미소를 머금게 된다.

요컨대 옹정제는 근본이 선량하고 소박한 당시의 만주인 그 자체를 대표하는 인물이었다. 중국적인 독재군주가 되겠다는 염원을 가지고 이를 향하여 끊임없는 노력을 거듭하는 사이에 자신도 모르게 일찍이 중국에서 볼 수 없었던 일종의 독특한 독재제를 창조해 가고 있었던 것이다. 그는 강한 자에 대해서는 지나치다 싶을 정도로 엄격하였으나, 반항할 힘조차 없는 무저항·무방비의 일반 백성을 더할 나위 없이 아끼며 보호하였고 몸이 가루가 될지언정 그들의 생활을 보장해 주려고 마음먹고 있었다. 그는 전쟁을 좋아하지 않았다. 이는 너무나도 지는 걸 싫어해서 승부를 건 놀이가 불가능한 천품 때문이기도 하지만 다른 한편으로는 전쟁이란 가장 비경제적인 것으로 그 때문에 백성들이 얼마나 고통을 겪어야 할지 모른다는 깊은 배려에서 우러나온 것이었다. 따라서 그의 치세에는 혁혁한 무훈이라는 것이 없다. 직접 군대를 지휘한 적도 없었고, 아마 있었다 해도 서툴렀으리라 생각된다. 우리는 독재군주라고 하면 곧 전쟁을 연상하지만 옹정제는 그렇지 않았다. 전쟁을 싫어하고 평화적인, 그러면서도 철저한 독재군주였다. 그러나 무공을 세우지 않은 황제의 업적은 역사에서 가장 먼저 잊혀져 가는 법, 이 사실은 얼마나 통탄할 일인가?

이보다 더 애도할 일은 눈물이 흐를 만큼 선의에 넘치는 그의 정치가 독재군주제라는 형태를 띠고 있었기 때문에 보답이 의외로 적었을 뿐 아니라 예기치 않게 역효과까지 낳은 점일 것이다. 생각건대 중국에서 수천 년 동안 전제군주제가 지속되어 온 것은 군주제가 어느 정도의 유연성을 갖고서 시대의 진보에 적응하며 발달해 온 덕분일 것이다. 만일 군주제가 아무 이상도 없이 완전히 자의적이고 무원칙하게 움직였다거나 딱딱한 껍질처럼 고정된 채 백성을 억압하기만 하였다면 아무리 참을성 많은 중국 민중이라도 이를 타도하고 새로운 정치양식을 만들어 냈을 것이다. 다행인지 불행인지 역사에서는 이른바 명군(名君)이라는 존재가 나타나 끊임없이 군주제의 이상과 실행방법을 고쳐 나갔고, 따라서 대중으로부터 무언의 신뢰를 이어갈 수 있었다. 옹정제의 독재정치는 그야말로 그 정점에 위치한다. 이렇게 해서 독재제를 신뢰하게 된 민중은 독재제가 아니면 다스려질 수 없도록 틀지워지는 것이다. 이것은 중국 민중에게는 참으로 슬픈 일이다. 이 점에서 말하자면 옹정제의 정치는 그야말로 선의에 넘치는 '악의의 정치'라고 하지 않으면 안된다. 그러나 이런 종류의 선의에 넘친 악의의 비극은 아직 완전히 끝난 것이 아니며, 지금도 거대한 역사의 심판을 기다리고 있다.

참고연표

연도	청	명	사건
1615		만력 43	청 태조 누르하치의 장남 추옝 사망.
1616	천명 1	만력 44	청조 건국.
1644	순치 1	숭정 17	명조 멸망, 청조 베이징에 입성.
1662	강희 1		강희제 9세.
1667	강희 6		강희제 친정 시작. 첫 황자가 출생 직후 사망.
1672	강희 11		대아거 인티(允禔) 출생.
1674	강희 13		이아거 태어남, 효성 황후 사망.
1675	강희 14		이아거를 황태자로 세움.
		(옹정제연령)	
1678	강희 17	1세	사아거(옹정제) 출생.
1681	강희 20	4세	우싼구이(吳三桂)의 삼번(三藩)의 난 평정.
1682	강희 21	5세	러시아의 표트르 대제 즉위.
1683	강희 22	6세	타이완 병합.
1688	강희 27	11세	밍주(明珠) 실각.
1696	강희 35	19세	황제 친히 출정, 준가르 부족장 갈단을 외몽골에서 격퇴.
1703	강희 42	26세	송고투에게 사형을 선고함.
1708	강희 47	31세	황태자를 폐함.
1709	강희 48	32세	이아거를 다시 황태자로 복위시킴.
1712	강희 51	35세	다시 황태자를 폐함.
1715	강희 54	38세	프랑스의 루이 14세 사망.
1717	강희 56	40세	준가르의 장수 돈도브, 티베트에 들어감.
1718	강희 57	41세	십사아거 대장군에 임명되어 서역 원정.
1720	강희 59	43세	청군 칭하이(淸海)에서 돈도브의 군대를 격파. 티베트로 진격.
1722	강희 61	45세	11월, 강희제 사망, 옹정제 즉위.
1723	옹정 1	46세	정월, 황제가 지방관에게 훈유를 내림. 4월, 십사아거를 소환하여 강희제의 산릉을 수호하게 함. 11월, 조정에 봉사하는 선교사를 제외한 모든 서양 선교사를 마카오로 추방.

1724	옹정 2	47세	2월, 청조의 교육헌장인 「성훈광유」(聖訓廣諭)를 반포. 녠겅야오가 칭하이의 소요를 진정시킴. 5월, 수누 일족을 유웨이(右衛)로 유배시킴. 7월, 붕당론을 만듦. 8월, 톈원징(田文鏡)을 허난 성 순무로 임명. 8월, 조선 영조(英祖) 즉위. 11월, 수누 사망. 12월, 폐태자 사망.
1725	옹정 3	48세	4월, 녠겅야오가 항저우 장군으로 좌천됨. 5월, 수누의 아들 루이와 요셉을 베이징으로 연행함. 10월, 오르타이(鄂爾泰)를 윈구이(雲貴) 총독, 리웨이(李衛)를 저장(浙江) 순무, 가오치쥐(高其倬)를 민저(閩浙) 총독으로 임명. 11월, 녠귀비(年貴妃) 사망. 12월, 녠겅야오에게 자살을 명함. 왕징치(汪景祺) 사형.
1726	옹정 4	49세	3월, 팔아거를 아키나로 개명시킴. 5월, 구아거를 사스헤로 개명시킴. 수누의 자손을 각 지방에 분산하여 감금함. 6월, 아키나의 죄상 40개항, 사스헤의 죄상 28개항, 십사아거의 죄상 14개항을 들어 탄핵하게 함. 8월, 사스헤 사망. 9월, 아키나 사망. 11월, 먀오족 강토에 대한 개토귀류(改土歸流)를 단행함.
1727	옹정 5	50세	5월, 자쓰팅(查嗣庭) 사망. 루이와 요셉에 대한 심문. 수누의 다른 아들 요한과 프란치스코를 베이징으로 연행함. 6월, 요셉 우르첸 사망.

1728	옹정 6	51세	10월, 룽고도 41개항의 죄목으로 탄핵당하고 감금됨. 11월, 리웨이 저장 총독으로 승진. 가오치줘(高其倬)는 푸젠 총독으로 전출. 5월, 톈원징 허난·산둥 두 성의 총독으로 임명됨. 티베트의 내란이 평정됨. 7월, 허난의 여인 쉬(徐)씨를 포상함. 10월, 오르타이를 윈난·구이저우·광시 세 성의 총독으로 임명함.
1729	옹정 7	52세	3월, 푸르단을 대장군에 임명, 준가르부의 정벌에 나서게 함. 9월, 『대의각미록』(大義覺迷錄)을 반포함.
1730	옹정 8	53세	4월, 이친왕 사망.
1731	옹정 9	54세	6월, 푸르단이 준가르부와 싸워 대패함. 9월, 체링 친왕이 준가르부 격파.
1732	옹정 10	55세	정월, 오르타이를 불러들여 내각대학사로 임명함. 7월 리웨이를 즈리 총독으로 이동. 체링 친왕 다시 준가르부를 에르데니주에서 물리침. 11월, 톈원징 사직함.
1733	옹정 11	56세	6월, 수누 일족을 연금에서 풀어줌.
1734	옹정 12	57세	
1735	옹정 13	58세	8월, 옹정제 사망. 아들 건륭제 즉위.
1740	건륭 5		죽은 톈원징이 탄핵당함. 프로이센의 프리드리히 대왕 즉위.

오늘날 우리에게 친근한 역사적 인물들은 결코 우연에 의해 기억되는 것은 아니다. 지구상에 존재하는 수많은 인물, 수많은 삶은 대부분 망각 속에 묻혀 버리기 마련이다. 영웅과 권력자들, 사상가와 예술가들, 한 시대를 주름잡았던 인물들도 세월과 함께 그 자취가 희미해지고 남아 있던 기억들은 마모되어 간다. 그러나 드물기는 하지만 이런 시간의 풍화작용을 견뎌 내고 오늘날까지 우리 곁에 친근하게 남아 있는 과거의 인물들도 있다. 이는 후세의 누군가가 끊임없이 그 이름을 불러내어 기억을 상기시켜 주었기 때문일 것이다.

어떤 인물의 삶이 시간을 초월하여 보편적인 공감과 감동을 주거나 그 행적이 후세의 인간사회에 결정적인 변화를 가져온 경우, 기억은 자주 환기되고 많은 이들에 의해 폭넓게 공유될 수 있다. 만일 여기에 신뢰할 수 있는 생생한 기록이 남아 있다면 기억은 영구히 기댈 수 있는 튼튼한 버팀목을 얻게 되는 셈이다. 문자는 시간의 벽을 넘고 살아 남아서 과거를 증명해 주고 때로 인간들의 불완전한 인식과 기억이 놓치고 지나가 버린 일들을 새롭게 복원시켜 주기도 한다

이 책의 주인공 옹정제가 오늘날 우리 앞에 다시 나타나게 된 것은 위의 조건들이 멋지게 결합된 결과라고 할 수 있다. 1950년, 미야자키 이치사다라는 탁월한 역사학자가 단행본 전기를 통해 옹정제라는 인물을 부각시키면서 많은 사람들이 옹정제의 면모를 재발견하게 되었다. 사실 옹정제는 과거 인물에 대해 유별난 집착을 보이는 '역사의 나라' 중국에서조차 그다지 주목받거나 사랑받는 존재가 아니었다. 아버지 강희제와 아들 건륭제 사이에 끼여 있는 옹정제의 치세 13년은 짧은 간주곡 정도로 여겨져 왔다. 청조의 기반을 확고하게 다졌던 덕망 높은 유교 군주 강희제나 화려한 대외원정으로 전 아시아에 '청조의 평화' 를 각인시켰던 건륭제에 비하여 옹정제는 겉으로 보기에 이렇다 할 자취를 남기지 못하였던 것이다. 옹정제가 조금이나마 세상 사람들에게 알려진 점이 있다면 음모로 가득 찬 황위계승 싸움의 마지막 승자로서 야사 등에서 묘사된 냉혹하고 권력 지향적인 인물이라는 정도일 것이다.

그렇다면 미야자키가 옹정제를 역사의 무대 뒤편에서 끌어내 세상에 알린 것은 어떤 연유에서였을까? 이것은 『옹정주비유지』(雍正硃批諭旨, 이하 『주비유지』로 줄임)라는 자료와 미야자키의 특별한 인연에서 시작된다. 미야자키는 청대사를 연구

하던 중 이 사료를 통독하게 되고 그러면서 옹정제라는 인물의 진면목을 발견하게 된다. 본문에 언급된 바와 같이 18질, 112책으로 이루어진 방대한 『주비유지』는 옹정제와 232명의 관료가 주고 받은 서간문을 모아 출간한 자료로 당시 사회의 심층부를 그대로 보존해 놓은 일종의 타임캡슐 같은 것이라고 할 수 있다. 곧 실록 등의 공식기록이 사실의 표면적인 부분을 스치고 지나간 정도라면 이 자료는 그 핵심부분까지 깊숙이 파고 들어가서 살아 있는 정보를 제공해 준다.

미야자키는 이것을 통해 옹정제를 발견하고 참을 수 없을 만큼 재미있었다고 술회한다. 그리고 "저자가 재미있다고 생각한 주제를 재미있다고 느낄 때 쓰는 것이 읽는 이들 역시 재미있을 터이므로" 서둘러 이 책을 집필하게 되었다고 밝히고 있다.(『宮崎市定全集』 14, 自跋) 이 재미는 무엇보다도 사실 그 자체가 주는 재미일 것이다. 독자들도 책을 읽으면서 느꼈겠지만 살아 있는 인간의 체취가 물씬 풍기는 생생한 묘사, 구체적인 사실이 엮어 내는 긴박감이야말로 이 전기의 가장 큰 매력의 하나라고 할 수 있다. 대부분 『주비유지』라는 신뢰할 수 있는 기록을 근거로 하였기 때문에 이 책에 묘사된 모든 장면·에피소드·대화 등은 전거가 생략되어 있긴 하지만 거의 백퍼센트 그 근거를 확인할 수 있는 역사적 사실이다.

또한 옹정제라는 인간에 대한 미야자키의 깊은 이해와 공감 역시 이 책을 재미있게 만드는 요소이다. 미야자키는 아마도 잊혀져 있던 과거의 인물이 피와 살을 갖춘 모습으로 재현되면서 사실은 '세계에서 가장 모범적인 독재군주'로 불리어 마땅한 존재였음을 알게 되었을 때, 벅찬 감동을 느꼈던 것으로 보인다. 그리고 이 감동이 다시 옹정제의 삶에 대한 깊은 공감으로 이어지고 있음을 이 책의 행간에서 읽어낼 수 있을 것이다. 옹정제의 헌신, 용의주도함과 성실성을 묘사하는 미야자키의 필치에서는 진심으로 공감할 수 있는 필생의 지기(知己)를 발견한 듯한 친근감마저 느껴진다. 딱딱한 문헌사학자인 미야자키가 『주비유지』라는 엄청난 학문적 발견을 앞에 두고 옹정제의 전기를 먼저 집필한 것은 학술연구의 틀에서 벗어나 자신이 느꼈던 감동을 그대로 표현하고 싶었기 때문이 아니었을까?

그러나 한편 『옹정제』를 세상에 나오게 한 가장 결정적인 요인은 두말할 나위 없이 미야자키 자신의 역사학자로서의 소명의식이라고 해야 할 것이다. 지금까지 시야에 사라져 있었으나 결코 간과되어서는 안될 중요한 사실을 소개하고 기억시킴으로써 역사를 제자리에 자리매김해야 한다는 역사의식이 이 전기의 전편에 흐르고 있으며, 이것이 옹정제의 삶에 한층 더 깊은 의미를 부여해 주고 있다. 『옹정제』를 통한 옹정연간의 정확한 자리매김이 없었다면 청(淸)의 역사는 대단히 불완전한 모습이 되었을 것이다.

이 책이 1950년 일본 이와나미 신서(岩波新書)로 출간되었을 당시, 옹정제에 대해 아는 사람이 거의 없는 상태였음에도 불구하고 독자들에게 상당한 반향을 불러일으켰다. 그 뒤 초판이 절판된 지 30년 만에 다시 복간이 이루어졌고 이것이 1990

년에『미야자키 이치사다 전집』14권에 재수록되는 과정을 거
치면서 옹정제라는 인물은 널리 알려지게 되었으며, 역사에 길
이 남을 10대 전기의 하나로 높이 평가받게 되었다.(谷澤永一,
『世界十大傳記』, 集英社, 2000)

　또한『옹정제』는 일반인을 위하여 쓴 비전문서적이지만 한
편으로는 이후 40여 년간에 걸쳐 집중적인 연구가 이루어지는
이른바 '옹정학'의 출범을 알리는 서곡이기도 하다. 미야자키는
1949년부터 교토(京都) 대학 내에 옹정주비유지 연구반을 만
들어『주비유지』의 윤독을 시작하였고 수업교재로도 활용한다.
이때부터 구어체와 속어가 섞여 난해하기 그지없는『주비유지』
는 오랜 시간에 걸쳐 연구반에 의해 완전히 독해되기에 이른다.
그리고 단순히 읽는 데만 그친 것이 아니라 고유명사와 법제상
의 술어(術語), 지방풍속에 이르기까지 주요한 어휘를 카드에
채록하는 색인작업도 동시에 진행되었다. 40여 년간 매주 거의
빠짐없이 윤독회가 이루어졌는데, 모두 99명의 인원이 참가하
였던 대사업이었다.

　『주비유지』의 윤독회가 수백회 거듭되면서 연구원들 사이에
는 이렇게 반복되는 작업이 무슨 의미가 있냐며 빠른 결론을 촉
구하는 목소리도 있었다고 한다. 여기에 대하여 연구반의 또 다
른 기둥이었던 아베 다케오(安部健夫)라는 학자는 이렇게 일축
하였다고 한다. "이런 것을 해나가는 일, 그게 바로 학문이라는
겁니다"라고.

　한편 여기에는 특별한 일화도 전해지고 있다. 처음 목판본

『주비유지』를 통독하기 시작한 미야자키는 판본의 불완전함을 안타깝게 여기던 중 도쿄에 출장을 갔다가 고서점 한 구석에서 먼지를 뒤집어 쓰고 있는 전판(殿版) 전집을 발견하게 된다. 그 자신 "옹정제의 혼이 이끌어 주었다는 생각이 들었다"고 술회할 만큼 극적인 해후였다. 오늘날 옹정시대 연구는 학계에서 일종의 붐을 이루어 대학도서관에서 쉽게 이 자료를 열람할 수 있으나 그 당시 전질을 입수한다는 것은 기적에 가까운 일이었던 것이다.

미야자키를 필두로 한 연구반원들은 윤독에서 얻어진 성과를 각각 연구논문으로 집약시켰고 이것이 『동양사연구』(東洋史研究)라는 학술잡지를 통해 4회에 걸친 옹정시대 특집호로 엮어져 발표되었다. 그리고 1986년 그 총결산이 『옹정시대의 연구』(雍正時代の研究, 同朋舍)라는 방대한 단행본으로 출간되기에 이른다. 또한 1990년에는 그 동안 정리한 카드 12만 매 분량의 색인작업을 완성하였다. 이 색인은 단순히 어휘의 소재를 밝히는 데 머물지 않고 이해를 돕기 위하여 전후의 문장을 몇 구절씩 함께 채록한 일종의 난해어 사전과 같은 성격을 띠고 있다. 청대사 연구자들이 『주비유지』라는 망망한 사료의 바다를 헤쳐 나가는 데 있어 가장 든든한 등대라고 할 수 있을 것이다.

이러한 일련의 연구작업이 중국을 비롯한 세계 학계에 알려지면서 옹정연간은 일약 청대사에서 가장 비중 있고 가장 활발한 연구가 이루어지는 분야로 새롭게 조명받게 된다. 오늘날 옹정학은 청대사뿐 아니라 근세 중국의 관료제·재정·재판·풍속을 이해하는 주요 관건으로서 확고한 위치를 차지하고 있다. 『옹정제』는 이 거대한 장정의 원점이었으며 왜 『주비유지』가 가치 있는 자료이며 옹정시대가 역사적으로 주목되어야 하는지를 세상에 공포한 선언서라고도 할 수 있다.

이렇듯 『옹정제』가 이미 세계적인 명성을 얻고 난 후, 출간된 해로 치면 반세기가 지나고 나서야 우리 사회에 소개되는 것은 뒤늦은 감도 없지 않다. 그러나 지금 이 시점에서 옹정제의 삶이 주는 역사적 의미를 환기시키는 일은 1950년 당시보다 오히려 더욱 값진 의미를 지닐 수도 있다. 『옹정제』에서 제기된 문제, 곧 이토록 철저하고 이토록 양심적인 독재자가 과연 인류에게 도움을 주었는가라는 의문은 그때와 마찬가지로 현재도 여전히 유효하며 우리는 그 동안 이 문제가 우리의 현실과 정면으로 부딪치는 과정을 몸소 경험할 수 있었다.

『옹정제』는 한 독재군주의 삶에 대한 깊은 공감을 바탕으로 하고 있지만 이를 통해 이상적인 독재자상을 제시하거나 독재제의 장점을 부각시키기 위하여 집필된 것은 아니다. 오히려 독재자 개인의 어떤 노력으로도 뛰어넘을 수 없었던 독재체제의 근본적인 결함을 사람들에게 환기시킬 목적을 깔고 있다고 할 수 있다. 민중을 사랑하고 민중의 생활을 지켜 주고자 하였던, 그리고 그것이야말로 하늘이 부여한 천명이라고 믿었던 한 인간의 눈물겨운 분투도 독재제라는 틀로 말미암아 장기적으로는 민중을 오도할 수 있다는 것을 이 책은 명확히 제시하고 있다.

옹정제와 같이 선의로 가득 찬 유능한 독재자를 만날 경우,

정치는 일사불란하게 진행되며 가시적인 성과가 나타난다. 그러나 한 인간을 버팀목으로 한 체제는 결국 단명으로 그칠 수밖에 없고 그 과정에서 독재의 자의적인 운영방식은 시스템을 무력하게 만들고 만다. 또한 독재체제의 결함이 드러난 뒤에도 여기 길들여진 사람들은 다시 독재제를 희구하는 악순환이 되풀이되기도 한다. 한 독재자의 유산에 향수를 느끼는 우리 사회에서 이것은 그다지 낯선 모습은 아닐 것이다.

『옹정제』가 출간된 1950년은 중화인민공화국이 건국된 이듬해로 신중국이 막 새로운 사회주의 체제를 출범시키는 단계였다. 미야자키는 바로 이 시점에서 중국이 다시금 옹정제식의 선의의 독재정치를 시행하려는 비극을 만들고 있다고 단언하고 이것은 결국 피할 수 없는 역사의 심판을 맞게 될 것이라고 경고하고 있다. 『옹정제』의 마지막을 장식하는 이 대담한 결론이 이후에 발생한 대약진운동과 문화혁명, 그리고 마오쩌둥 체제의 몰락이라는 일련의 역사 사실을 예견한 것이라고 볼 때, 한 역사학자의 예리한 안목에 놀라지 않을 수 없다.

한편 이 발언은 당시 신중국 체제의 진보적 성격에 많은 기대와 희망을 걸었던 역사학계의 일각에서 보자면 보수적인 정치공세로 받아들여질 수 있는 위험한 언사이기도 하였다. 그럼에도 문헌사학자인 미야자키가 감히 신중국의 위험성을 당당하게 제기할 수 있었던 것은 역사에서 단절보다는 연속이라는 측면을 중시하는 자신의 독특한 역사관에 강한 신념을 가지고 있었기 때문일 것이다. 곧 그는 혁명과 신체제가 아무리 구사회를

과감하게 '단절'시키려고 해도 과거에 야기되었던 구조적 문제점들은 여전히 연속될 거라고 확신하고 있었던 것이다.(「文化大革命の歷史的意義」『中國に學ぶ』, 中公文庫, 1986) 옹정제가 힘든 싸움을 벌였던 근세 중국사회의 원형, 기본 문제점은 어떤 선의의 정치체제로도 쉽게 해결될 수 없으며, 특히 신체제가 독재제의 형식을 띠고 있다면 옹정제 사후와 같은 부작용을 분명히 야기하리라는 것이 그의 판단이었다.

그리고 이러한 안목은 『주비유지』 같은 방대한 역사기록에 깊이 천착하여 한 시대의 정수에 도달하는 과정에서 비로소 얻을 수 있는 것이었으므로 어떤 시사평론보다 예리하게 사태를 파악할 수 있었던 것이리라.

오늘날 중국은 개방과 시장경제의 수용이라는 신국면을 맞고 있다. 그러나 다시 경직된 관료주의와 관료의 부패라는 낡고도 새로운 문제가 '연속'적으로 재생되는 것을 보면서 인간사회가 엮어 내는 갈등의 뿌리, 그 유장함을 새삼 실감하게 된다. 주변의 세계는 속도에 적응하기 힘들 만큼 빠르게 변화하고 있지만 이럴 때일수록 장기적인 안목으로 현재 속에 얽혀 있는 역사의 뿌리를 헤쳐나가는 작업이 필요하지 않을까? 옹정제를 다시 기억해 내고 그가 남긴 영향을 평가해 보는 일은 괜스레 에돌아가는 것 같지만 결국 현실과 맞닿아 있는 일일 것이다.

끝으로 『옹정제』의 가치에 주목하고 출판을 결정해 준 이산출판사에 감사의 말을 드리고 싶다. 그리고 동아시아 역사라는 그

다지 인기 없는 분야를 꾸준히 개척해 나가며 현대의 고전이라
고 할 만한 묵직한 서적들을 연이어 발굴해 내는 이산의 분전에
전공자로서 고마움과 격려를 함께 전하고 싶다.

2000년 12월 15일

차혜원

찾아보기

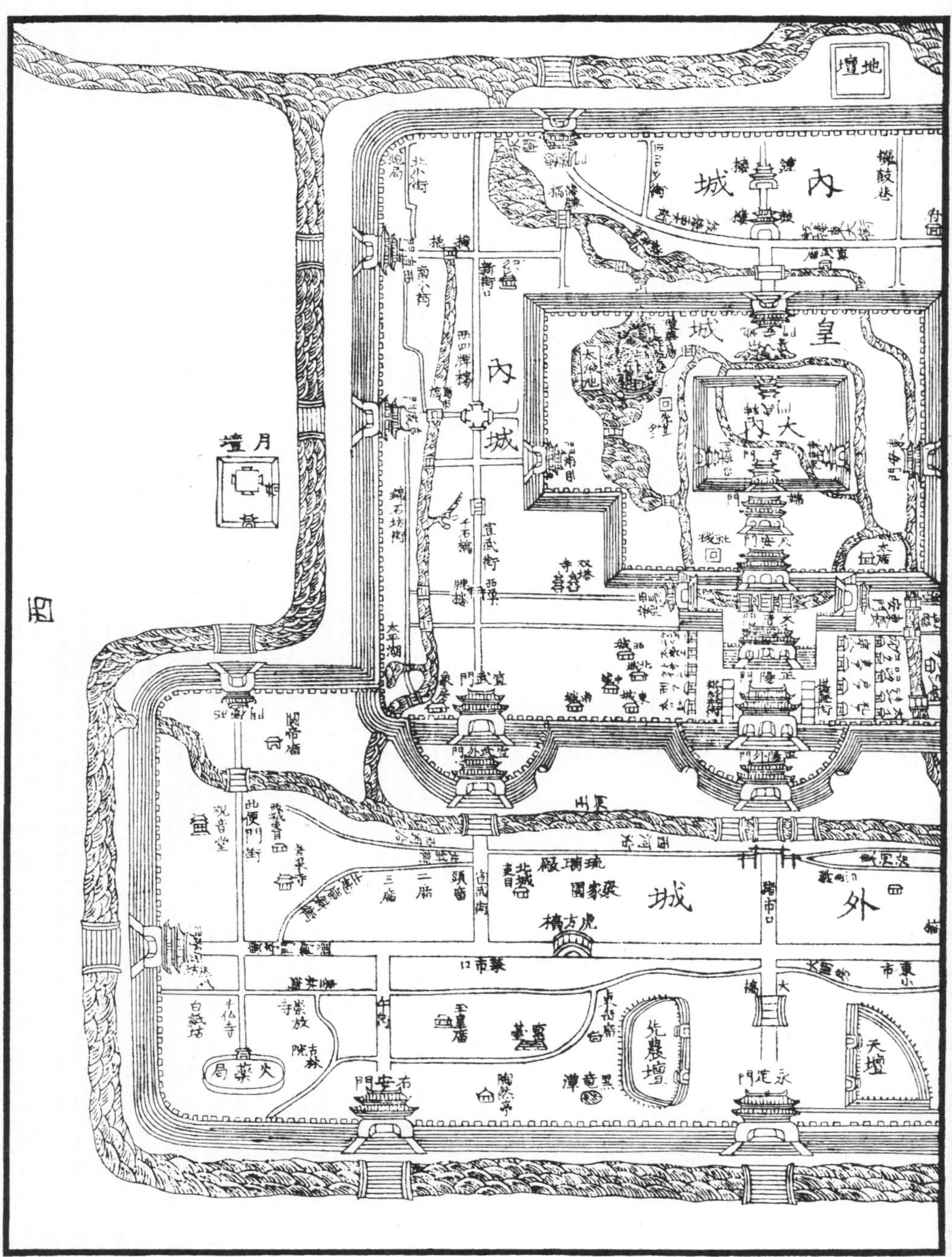

地壇
內城
皇城
月壇
內城
大內
宣武街
太平湖
宣武門
城
外
先農壇
天壇
火藥局
玉皇廟
永定門
安定門

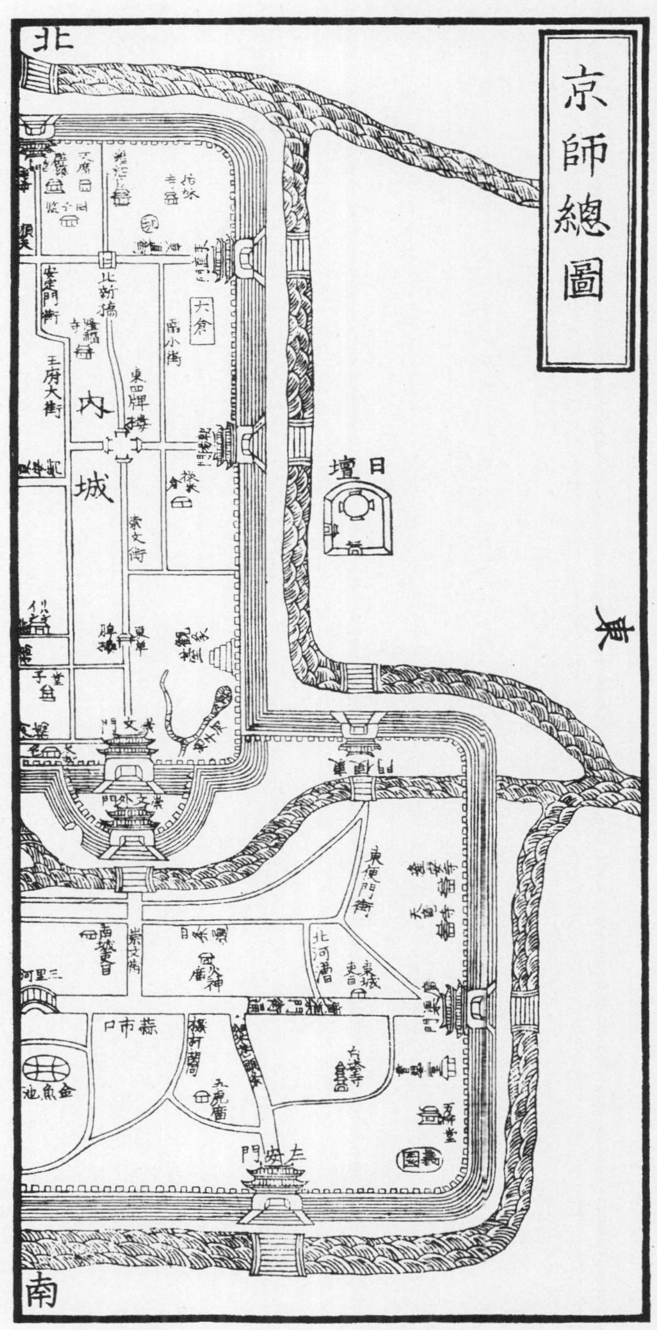

京師總圖
北
東
南